50 음 표

	청음(清音)											탁 음(濁音)				半濁音
히라가나 ひらがな	あ	か	さ	た	な	は	ま	や	ら	わ	ん	が	ざ	だ	ば	ぱ
	a	ka	sa	ta	na	ha	ma	ya	ra	wa	n	ga	za	da	ba	pa
	い	き	し	ち	に	ひ	み	(い)	り	(い)		ぎ	じ	ぢ	び	ぴ
	i	ki	si, shi	chi(ti)	ni	hi	mi	i	ri	i		gi	zi, ji	zi, ji	bi	pi
	う	く	す	つ	ぬ	ふ	む	ゆ	る	(う)		ぐ	ず	づ	ぶ	ぷ
	u	ku	su	tsu(tu)	nu	hu, fu	mu	yu	ru	u		gu	zu	zu	bu	pu
	え	け	せ	て	ね	へ	め	(え)	れ	(え)		げ	ぜ	で	べ	ぺ
	e	ke	se	te	ne	he	me	e	re	e		ge	ze	de	be	pe
	お	こ	そ	と	の	ほ	も	よ	ろ	を		ご	ぞ	ど	ぼ	ぽ
	o	ko	so	to	no	ho	mo	yo	ro	o		go	zo	do	bo	po
가타카나 カタカナ	ア	カ	サ	タ	ナ	ハ	マ	ヤ	ラ	ワ	ン	ガ	ザ	ダ	バ	パ
	a	ka	sa	ta	na	ha	ma	ya	ra	wa	n	ga	za	da	ba	pa
	イ	キ	シ	チ	ニ	ヒ	ミ	(イ)	リ	(イ)		ギ	ジ	ヂ	ビ	ピ
	i	ki	si, shi	chi(ti)	ni	hi	mi	i	ri	i		gi	zi, ji	zi, ji	bi	pi
	ウ	ク	ス	ツ	ヌ	フ	ム	ユ	ル	(ウ)		グ	ズ	ヅ	ブ	プ
	u	ku	su	tsu(tu)	nu	hu, fu	mu	yu	ru	u		gu	zu	zu	bu	pu
	エ	ケ	セ	テ	ネ	ヘ	メ	(エ)	レ	(エ)		ゲ	ゼ	デ	ベ	ペ
	e	ke	se	te	ne	he	me	e	re	e		ge	ze	de	be	pe
	オ	コ	ソ	ト	ノ	ホ	モ	ヨ	ロ	ヲ		ゴ	ゾ	ド	ボ	ポ
	o	ko	so	to	no	ho	mo	yo	ro	o		go	zo	do	bo	po

조사, 조동사, (대)명사, 접속사 일람표

조 사

は	는(은)
が	이(가)
です	입니다
だ	이다
である	이다
の	의, 이(가), 것
に	에
も	도, 나
と	와(과), 라고
や	랑, 와(과)
で	에서, (으)로
から	부터
より	보다, 부터
まで	까지
を	을(를)
へ	(으)로
のみ	만, 뿐
でも	에서도, 으로도, 이라도, 조차도
ば	면(가정형에)
ます형 연결 조사	
に	하러
ながら	하면서
なさい	하세요
て형 연결 조사	
て(で)	하고, 해서
たり(だり)	하기도 하고
たら(だら)	하면, 하거든
기본형 연결 조사	
と	하면
から	이니까, 때문에
けれども	하지만, 하나
が	하지만, 하나
ものの	하지만, 하나
し	(하기도)하고, 인데다가
か	하든지, 할까, 하거나
の	것
ので	이므로, 때문에
のに	인데도, 함에도
しか	(수)밖에
まで	(때)까지
ばかり	뿐, 쯤, 만
だけ	뿐, 쯤, 만
ほど	만큼, 정도, 수록
くらい(ぐらい)	만큼, 쯤
か	까?
の	지?, 니?

조 동 사

う(よう)	하자, 하려 하다, 할 것이다
ない	하지 않다
ず	하지 않고
(ら)れる	해지다, 당하다
(さ)せる	시키다, 하게 하다
연용형 연결 조동사	
ます	ㅂ니다
た(だ)	하였다, ㅆ다
そうだ	듯하다, 것같다
たい	하고 싶다
たがる	하고 싶어하다
기본형 연결 조동사	
そうだ	라고 한다
らしい	것같다, 듯하다
まい	아닐 것이다, 하지 않겠다
だろう	일 것이다, 겠지
でしょう	겠지요
なら	다면, 려거든
ようだ	같다(p.82 참조)
べき	해야 한다

(대) 명 사

私	저(나)
あなた	당신
これ	이것
あれ	저것
それ	그것
どれ	어느 것
彼	그
ここ	여기
あそこ	저기
そこ	거기, 그곳
どこ	어디
こと	것, 일, 수
もの	것, 자, 물건
ところ	곳, 바, 점
つもり	예정, 생각, 작정
はず	(당연히)것
わけ	것, 이유

접 속 사

そして	그리고
また	또
しかも	더욱이, 게다가
そのうえ=それに	더욱이, 게다가
なお	더욱이, 또한
それから	그러고 나서
それとも	그렇지 않으면
だから	그러므로
それで	그래서
したがって	따라서
では	그러면
そこで	그래서
すると	그러자
それなら	그러면
しかし	그러나
けれども	그렇지만
ところが	그런데, 그러나
ところで	그런데
(だ)が	그러나
でも	그렇지만
つまり	즉, 결국
さて	그러면
および	및
ただし	단

이공계 실무자 · 학생 · 현장의 엔지니어를 위한 학습서

이공계
일본어 마스터

홍희기 지음

理工系 日本語 マスター

문 운 당

Preface

책을 내면서

이 책은 이공계통의 실무자, 연구에 종사하는 학생, 현장의 엔지니어를 대상으로 한 것이다. 정통적인 어학 코스를 밟지 않고 단시일 내에 일본어 전공서적과 논문을 독해해야 하는 이공계 사람들의 길잡이 역할을 하는 것을 목표로 한다.

일본어를 전공하지 않은 필자는 전공과 관련된 일본어 서적과 논문을 독해하면서 많은 어려움을 겪은 적이 있었다. 절실하게 필요한 것은 실무에 쉽게 적용할 수 있는 일본어 지침서인데, 이 방면의 책은 거의 찾아볼 수 없어 이 책을 기획하게 되었으며, 초판이 나온 지 벌써 10년이 넘어섰다. 일본어를 전공한 전문가의 눈에는 이단시되는 전개법으로 보일 수도 있지만 궁극적인 목적은 단시일 내에 올바른 독해이고, 이것이 이 책이 존재하는 이유이며, 개정판에도 일관되게 이를 유지하도록 하였다.

국제화가 빠른 속도로 진행되는 현실에서 국제적인 우위의 기술력 확보는 바로 지피지기에서 비롯되며 특히 일본을 아는 것이, 좀더 정확하게는 일본의 과학과 기술을 파악하는 것이 바로 지름길이라 확신하게 되었다. 이에 작은 초석으로 이 책을 쓰기로 결심하게 된 것이다.

이공계 문서의 특성상 단순명쾌한 논리의 전개가 생명인 만큼, 몇 가지 요건만 갖추면 이공계 문서야말로 손쉽게 단시일 내에 독해할 수 있다. 예술성이 요구되는 문학계통이나 문과계통의 문서보다 훨씬 쉽게 독해가 된다.

한국어와 일본어의 어순과 한자어 역시 상당수가 동일하다(외국어를 배울 때 이보다 더 큰 혜택은 없지 않은가!). 필자의 결론은, 물론 가나를 읽을 수 있는 것을 전제로 할 때 논문에 자주 쓰이는 기본적인 단어의 암기(실제로 조사·조동사를 포함해 100개 정도밖에 안된다), 동사 변형에 대한 이해, 외국어 판독 등의 세 가지로 요약할 수 있다. 그리고 반복적인 학습을 통해 문서 자체에 익숙해지는 것이다. 이번 개정판에는 특히 이해가 필요하거나, 틀리기 쉬워 주의가 필요한 부분에 다수의 삽화를 포함시켰다.

이 책이 나오는 데까지 조언을 아끼지 않은 아내 유미, 딸 석민, 혜리와 이 작은 기쁨을 함께 나누고 싶다. 또한 이 책이 새로운 개정판의 모습으로 발간될 수 있도록 지원해 주신 문운당의 여러분에게도 깊은 감사를 드린다.

2009년 2월

홍 희 기

이 책의 사용법

1. 본문에 들어가기 전에 일한사전, 일어한자 읽기사전을 반드시 준비한다.
2. 속표지의 가나(특히 가타카나)를 절반 이상 외우고 본문으로 들어가되, 연습하는 의미에서 부록의 일상 회화를 참고하기 바란다.
3. ☑ 로 시작하는 문장은 독해를 위해 반드시 필요한 부분은 아니므로 시간을 절약하고 싶으면 건너뛰어도 좋다. 그러나 Preview 로 시작하는 문장은 틀리기 쉽거나 각별한 주의가 요구되는 것을 의미한다.
4. 반드시 목차순으로 읽어나갈 필요는 없다. 예를 들어 외래어 읽기가 바로 필요한 독자는 1.3절과 3장을 읽도록 한다.
5. 조동사와 조사는 특히 문서 독해에 필수적인 만큼 반드시 암기한다.
6. 6장의 실전 문제의 주석에 빈번하게 사용되는 단어 및 표현은 ✪ 표를 해두었다.
7. 시간 여유가 없어 바로 독해를 본격적으로 시도하려는 독자라도 실전 문제의 주석은 반드시 보고 참고한다.
8. 찾아보기에는 한글・한자・일어 가나로 구분하였다. 특히 한자와 가나는 이공계 서적 및 논문에서 많이 사용되는 어휘를 수록하였다.

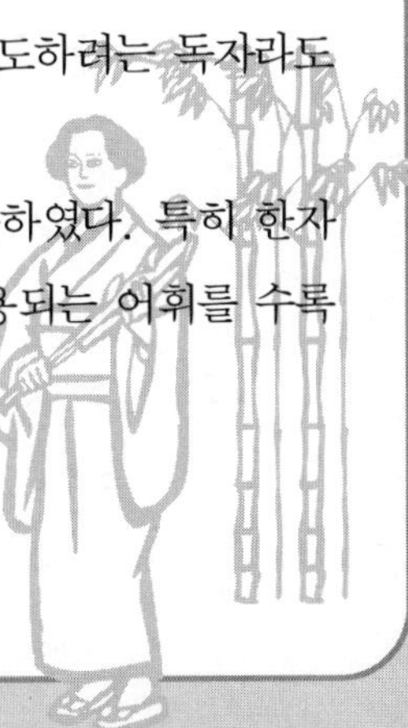

Contents

차 례

1
기본적인 사항

1.1 사전찾기

일본어의 문장은 가나와 한자로 구성된다. 이 중 가나는 우리의 한글과 비슷한 표음문자로서, 일반적으로 사용되는 히라가나와 외래어 및 의성어・의태어를 표기하는 데 사용되는 가타카나로 구성된다. 단어에 따라서는 한자 혹은 가나로만 표기하는 경우도 있으나 이 둘이 혼재되어 있는 경우도 흔하다. 또한 경우에 따라서는 같은 단어를 한자로 표기하기도 하고, 그 발음인 가나로 표기하는 수도 있으므로 약간의 주의가 요구된다.

이 책에서는 일반적으로 많이 쓰이는 방식을 취하였으나, 양쪽이 모두 많이 쓰이는 경우에는 괄호 안에 가나를 기입하였다. 예를 들면, 「言(い)う」는 言う와 いう 모두 사용되며, 言의 발음이 い라는 의미이다.

일한사전

일한사전을 활용하기 위해서는 먼저 그 단어의 '정확한 일본어 발음'을 알고 있어야 한다. 예를 들어 これ(kore)라는 단어를 찾는다면 こ(ko)로 가서 다시 れ(re)를 찾으면 된다. 국어사전이나 영어사전의 사용법과 기본적으로는 동일하다.

가나의 배열은 속표지에 표시되어 있는 50음표 순이며 あいうえお かきくけこ さしすせそ…과 같다. 이 순서를 기억해야만 사전을 사용할 수 있다. あいうえお의 단(段)방향(세로방향)은 비교적 용이하나 あかさたなはまやらわん의 행(行)방향(가로방향)을 정확하게 기억하기에는 시간과 노력이 필요하다. 이를 발음이 비슷한 한글문장으로 표시해 보면 "아까사다놔 하마야 라와 응"과 같이 하여 기억하면 용이할 것이다.

사전의 배열에서 주의할 점은 오른쪽 위에 아무것도 붙지 않은 가나(청음, 예를 들어 は)와 붙은 가나(탁음 ば, 반탁음 ぱ)의 구분이 되지 않는다는 것이다. 물론 우선권은 아무것도 붙지 않은 청음에 있다. 예를 들면, 사전에서 はなれ(hanare)를 찾으면 바로 밑에 ばなれ(banare)가 있을 것이다. 그리고 반탁음은 탁음 다음이다.

속표지에 표시한 기본적인 가나 이외에도 유음이라고 하여 순수한 토종 일본어에서도 사용되나 특히 외래어, 외국어의 표기에 필수불가결한 것이 있다. 한글의 복모음(야, 요, 유 등)의 표현에 해당되며, 정상적인 가나보다 약간 작게 쓴다. きゃ(kya)의 「ゃ」가 바로 이와 같은 유음으로서, きゃ는 우리 발음으로 '캬'이나 만약 이를 きや(kiya)로 정상적인 크기로 표기하면 '키야'로 발음은 비슷하나 한 음절인지 두 음절인지의 명백한 발음상의 차이가 있다. 그러나 사전상의 배열은 동일하며, 유음에 우선권이 있다. 즉 きゃ, きや의 순으로 배열된다. 유음에는 이밖에도 「ゅ」와 「ょ」가 있어, きゅ(kyu)나 きょ(kyo)와 같이 사용된다.

또 한 가지는 촉음이라 하여 우리말의 받침과 비슷한 역할을 하는 가나로서 작은 「っ」로 표기한다. 큰 つ와 같이 배열되나 작은 っ가 우선권이 있다. 즉, いっか(ikka)는 いつか(itsuka)의 바로 앞에 위치한다.

☑ 촉음의 발음은 いっか(ikka)와 같이 뒤의 자음이 중복된 것처럼 하면 되며, 한국어로는 받침으로 처리하여 '익카'럼 발음하면 거의 정확하나, 한글로는 잇카로 표기하게 된다.

외래어・외국어 표기시에 유음 및 촉음을 사용하는 규칙(예를 들어, 언제 きゃ로 쓰고 또 언제 きや로 쓰게 되는지의 구분 및 촉음을 넣어야 되는 상황 등)은 나름대로 정해진 것이 있으므로 후에 제3장에서 자세히 설명하도록 한다.

Preview

아직까지도 가나 읽기가 익숙하지 않은 독자는 부록에 게재되어 있는 「많이 사용되는 일상회화」를 통하여 연습하기 바란다.

일어한자읽기사전

일한사전을 사용할 때 문제점은 전술한 바와 같이 정확한 발음을 알아야 한다. 가나로 표기된 경우에는 아무런 문제가 없을 것이나 (물론 동사나 형용사의 경우에는 그 기본형을 알아야 한다), '먹다'의 食べる는 찾을 방도가 없다. 물론 食이 た로 발음되는 것을 알고 있는 독자라면 바로 たべる(taberu)를 찾으면 되지만 이 발음을 알고

있는 독자는 이 책을 보고 있지 않을 것이다. 따라서 「일어한자읽기사전」이 필요한 것이다.

그러면 食べる를 일어한자읽기사전을 통해서 찾는 방법을 소개하도록 한다(편의상 필자가 가지고 있는 사전을 중심으로 하였다. 사전에 따라서는 약간 차이가 있을 수도 있다).

먼저 이 사전의 앞 부분에 있는 '한글발음으로 찾아보기'에서 '식'자에 食이 있는지 확인하고 그 글자가 있는 페이지로 간다. 食자가 들어가는 단어는 비교적 많은 편으로 한 페이지를 초과하나 대부분의 경우에는 이보다 훨씬 적어 쉽게 원하는 단어를 찾아낼 수 있다. 食べる를 찾았으면 그 발음과 뜻을 보기 바란다. 발음은 たべる이고 뜻은 '먹다'이다. 만약 보다 상세한 의미를 알고 싶다면 이 たべる로 일한사전을 찾아보면 될 것이나 아마도 그런 일은 별로 없을 것이다.

食의 한글발음을 알고 있으면 이렇게 쉽게 원하는 단어를 찾아낼 수 있으나, 발음을 모르면 '획수로 찾아보기'로 가서 9획의 食을 찾아 기재되어 있는 페이지에서 찾아보아야 한다(사전에 따라서는 부수로 찾아보기가 있는 것도 있음). 食의 한글발음을 모른다고 웃을 독자도 있을 것이나, 생각 외로 한글 발음에 자신없는 글자는 많다.

医나 庁과 같은 일본식 약자가 이에 해당되고, 이보다도 働, 峠(とうげ)와 같이 일본에서 만들어진 일본한자가 있어 당연히 한글발음이 없다. 따라서 이러한 한자는 획수 또는 부수로 찾아보기에 의존할 수밖에 없다. 필자가 소유한 한자읽기사전에는 실려 있지 않으나 우스갯소리로 '퐁당 퐁'(우물에 돌을 던져 나는 소리라는 뜻이나 한국에는 정말로 없는 한자임)으로 알려진 丼(どんぶり)라는 한자도 일본에는 실제로 있어 '사발모양의 도기'를 뜻한다.

연습문제

1. 다음의 가나로 표기된 단어를 일한사전에서 찾아보자.

いわゆる		じっくり	
もぎる		どちら	
しゃべる		むり	
ひずみ		さすが	
しょくりょう		ゆっくり	
わずか		オブジェクト	
まったく		ナレーション	
いっぱん		ポンプ	

2. 다음의 한자어를 한자읽기사전에서 찾아보자.

鍛える		勉強	
尽くす		働く	
閉じ込める		割り切る	
取引		彼女	
買い物		休み	
当て字		必ず	
取り組む		天気	
繰り返す		皆さん	

1.2 가장 단순한 문장

이 절에서는 최소한 기억해야 할 대명사 · 부사 · 조사 · 접속사 등을 예문을 통하여 숙지하도록 한다. 물론 이 장에서 소개하는 단어도 사전에서 쉽게 그 뜻을 찾아볼 수 있으나 매 문장마다 나타날 정도로 빈번하게 사용되는 단어들이므로 사전찾기가 불편해서라도 기억해야 할 것이다.

참고로 앞으로 인용되는 예문에서 일본어와 한국어의 한자어가 같은 의미로 사용되는 경우에는 직접적으로 일본어 한자어의 발음을 표시하지 않는 것을 원칙으로 하겠다. 예를 들어, 다음 예문에 사용된 学生의 경우 일본어 발음은 がくせい(가쿠세이)로서 회화 위주로 공부해야 할 독자에게는 그 발음은 필수적으로 암기해야 한다. 그러나 독해만을 위한 독자에게 그것도 단시일 내에 문장의 의미를 파악하려는 독자에게, 그 발음까지 제시하여 간접적으로나마 기억하라고 강요하는 듯한 인상을 배제하려는 의도로 이해하기 바란다. 따라서 일본어 문장 중에 의미를 알 수 있는 한자어가 나오면 발음에 신경쓰지 말고 그냥 그 의미만 파악하도록 한다.

☑ 그러나 발음을 약간만 알아도 전공과 관련된 간단한 회화는 가능하다. 전공용어의 영어단어는 같은 분야의 일본인에게도 충분히 의미가 통하기 때문이다[예를 들어, 전자공학(電子工学, でんしこうがく)의 일본어발음인 「덴시코가쿠」를 모르더라도, electronics를 영어발음인 「일렉트로닉스」로 발음하든 일본식 발음인 「에렉트로닉스」로 발음하든 의미는 충분히 통한다는 것이다]. 이것들을 섞어서 회화를 해보면 생각 외로 의사소통이 쉽다. 따라서 독해에 방해되

지 않는 범위 내에서 각 페이지의 밑에 주석을 통하여 발음을 기입해 두었으니 참고할 수 있을 것이다. 경우에 따라서는 연필로 문장 중의 한자 위에 작게 기입해 두는 것도 일책이다.

다음에 가장 기본이 되면서도 단순한 문장의 예를 몇 개 들어 보인다.

私は金です. (저는 김입니다)
あなたは学生です. (당신은 학생입니다)
これは本です. (이것은 책입니다)
それは黒板ですか. (그것은 칠판입니까?)
はい, そうです. (네, 그렇습니다)
あれは機械です. (저것은 기계입니다)

처음 등장한 단어에는 밑줄을 그어두었으며 이것들은 거의 완전하게 괄호 안의 밑줄쳐둔 한글과 일대일로 대응하고 빈번하게 사용되는 만큼 반드시 기억하기 바란다.

- 참고로 주격조사 '는', '은'에 해당되는 것이 は인데 이때만큼은 그 발음을 わ로 한다.
- 일본어에서는 띄어쓰기를 하지 않으며, 의문문에도 물음표를 붙이지 않는 것이 원칙이다. 띄어쓰기를 당연시하는 우리로서는 크게 혼동이 될 듯한데도 실제로는 그러한 불편은 그다지 느끼지 않는다. 그 이유는 한자의 혼용과 쉼표를 많이 사용하기 때문이다.

---

* 私(わたし, わたくし), 学生(がくせい), 本(ほん), 黒板(こくばん), 機械(きかい)

우리말로 '입니다'와 '이다'와 마찬가지로 일본어에서도 구분이 된다. 특히 이공계 서적・논문에는 주로 '이다'체가 압도적으로 많이 사용되므로 이 표현에 익숙해질 필요가 있다.

> **これはピアノ<u>である</u>.** (이것은 피아노<u>이다</u>)
> **それは船<u>だ</u>.** (그것은 배<u>이다</u>)

즉, '이다'에 해당되는 것으로 である와 だ가 있으나 일반적으로 논문에는 である를 많이 사용한다.

---

* 船(ふね)

あれは機械ではありません. (저것은 기계가 아닙니다)
彼は初級者ではない. (그는 초급자가 아니다)
あなたはプロでない. (당신은 프로가 아니다)

です의 부정형은 ではありません, である와 だ의 부정형은 ではない 또는 でない이나 전자가 보다 많이 사용된다.

あの物はロボットではない. (저 물건은 로봇이 아니다)
この専門家はエンジニアであるか. (이 전문가는 엔지니어일까?)
いいえ, そうではない. (아니, 그렇지 않다)
それは何であるか. (그것은 무엇일까?)
それはランニングである. (그것은 러닝셔츠이다)

1.3 외래어 읽기 입문

최근의 일본어 이공계 서적・논문 등을 읽다보면 느끼는 것이지만 과거와는 달리 한자어보다도 비슷한 의미의 외국어, 외래어(이하 편의상 외래어로 부름)를 그냥 가타카나로 표기하는 것을 선호하는 것

* 機械(きかい), 彼(かれ), 初級者(しょきゅうしゃ), 物(もの), 専門家(せんもんか), 何(なに, なん)
* 일본어발음에 관심이 많은 독자라면 느끼겠지만 같은 한자라도 여러 가지로 발음되는 것을 알 수 있을 것이다. 일본어한자의 읽기는 크게 음으로 읽는 음독과 뜻으로 읽는 훈독으로 나눌 수 있다. 쉽게 말하면 花를 발음대로 '화'라고 읽고, 뜻을 나타내는 '꽃'이라고도 읽는다고 보면 된다.

같다. 일본 내에서도 일부에서는 이를 심히 우려하는 목소리도 들리나 어찌되었든 상당수의 전문용어가 가타카나로 표기되어 있고, 그리고 많은 경우에 일반적인 일한사전은 물론 심지어 일본어사전에조차도 그 단어가 실려 있지 않는 수가 흔하다. 따라서 읽고나서 원래의 영어 혹은 다른 외국어의 단어를 생각해낼 수 있는 능력이 요구된다.

☑ 가타카나 단어만을 기재한 사전도 있다고 하니 참고할 수는 있을 것이나, 전문용어・전공용어까지 기재되어 있기를 기대하기는 곤란할 듯싶다.

특히 가타카나로 표기한 발음과 원래의 외래어 발음이 상당히 차이가 나는 수도 많으며, 이렇게 상이한 발음으로부터 원래의 단어를 유추해내기는 초심자에게 상당한 곤역일 수도 있다. 그러나 나름대로의 규칙이 있는 만큼 뒤에서 다시 상술하도록 하겠다.

1.2절의 예문 중에서 エンジニア(엔지니아)는 원래의 단어 engineer에 상당히 접근하는 쉬운 예로서 가나만 읽을 수 있으면 쉽게 의미를 알 수 있으나, ランニング는 그대로 읽어보면 '란닝구'로 running(shirts)을 표기한 것이다(한국에서 러닝셔츠의 발음이 가능함에도 여전히 이렇게 발음하는 사람들이 종종 눈에 띈다). 이 발음에 대해서 간단히 설명하면,

i) 기본적으로 일본어에는 우리의 '어' 발음에 해당되는 문자가 없어 이에 가장 가까운 '아'로 표기할 수밖에 없다.
ii) 영어의 ng에 해당되는 발음이 없으므로 역시 n과 g를 따로따로 표기하면 ング와 같이 된다. 따라서 이 ング가 나타나면 웃지말고 ng의 표기법으로 이해하기 바란다.

iii) running의 nn을 전부 읽어버렸다. 즉 원래의 영어발음대로라면 ラニング로 해야 될 듯한데 철자대로 읽음으로써 이와 같은 현상이 나타난 것이다. mm이 중복되는 해머hammer를 ハンマー(함마)로 표기하는 것도 같은 이치이다.

☑ n에 대응하는 ン의 실제 발음은 약간 복잡하며, 그 규칙을 다음에 간단히 정리해 본다. 일종의 자음접변 정도로 이해하자.

① 일반적으로 [n]으로 발음된다. (かんじ[kanji], みんな[minna])

② ン의 뒤에 [g], [k] 및 모음이 오면 [ŋ]으로 발음된다(ラニング[raniŋgu], かんこく[kaŋkoku], さんよ[saŋyo]). 혹은 ン가 단어의 끝에 와도 [ŋ]으로 발음된다(かくしん[kakusiŋ], えん[eŋ]).

③ ン의 뒤에 [m], [b], [p]가 오면 [m]으로 발음된다(ハンマー[hamma], しんぶん[simbuŋ], たんぽぽ[tampopo]).

☑ 3장에서 상술하겠으나 이와 같이 일본어의 외래어 표기법은 발음과 철자 모두를 고려하게 됨으로써 상당히 혼동의 여지가 있으나, 요즈음은 주로 발음 위주로 표기하려는 경향이 있다.

iv) shirts의 シャツ는 생략되었다고 보아야 한다. ng만 하여도 한글로는 받침의 'ㅇ'으로 간단히 표기되나 일본어에서는 ング로 표기되고 이것이 각각 발음되는 등 원래 단어보다 길어질 수밖에 없다. 이러한 상황에서 가능하면 단어를 생략하려는 노력의 일환으로 이해해야 할 것이다. 이것이 일본식 신조어의 출발점이 아닌가 생각한다.

위의 iii)에서 ハンマー의 ー는 장음을 표시하는 가타카나에서만 사용되는 기호이다. 히라가나의 장음표현은 はんまあ와 같이 동일한 모음을 반복해서 쓴다.

Preview

ハンマー를 사전에서 찾을 때 ハンマア와 같이 동일한 모음이 있는 것으로 간주해야 한다. 이때 장음표시용 기호 「ー」를 한자 「一」과 혼동하지 말기 바란다. 자세히 보면 확실히 차이가 난다.

여기에서 사용빈도가 높은 단어의 숙지와 함께 외래어 읽기에 익숙해지는 것이 이공계 서적, 논문 독해의 제1요건이라는 점을 다시 한 번 강조한다. 위에서 예를 든 ランニング을 생각하면서 다음의 단어 읽기를 연습해 보자. 충분히 가타카나가 암기가 되지 않은 독자는 50음표를 보면서 하되, 가능하면 단시일 내에 기억할 수 있기 바란다. 물론 다음의 단어를 기억하라는 의미는 아니다.

カード	card	카드
マッチ	match	성냥
コップ	cup	컵
プール	pool	풀
コーヒー	coffee	커피
アパート	apartment	아파트
ネットウォク	network	네트워크
コイル	coil	코일

☑ 원래 영어단어와 발음이 비슷한 경우도 있지만 상당히 차이나는 것도 있음을 알 수 있을 것이다. 일정한 규칙이 있는 것도 틀림없는 사실이므로 독자들도 여유가 있을 때 한 번 생각해 보기 바란다. 상세한 사항은 제3장에서 취급하기로 한다.

연습문제

1. 다음의 가타카나로 표기된 외래어의 원래 단어는 무엇일까? 일한사전을 찾아보기 전에 생각해보자.

バイパス		カロリー	
ケーブル		ボイラ	
パターン		ケース	
レンジ		レーザー	
スケジュール		テスト	
スパン		システム	

1.4 동사「이다」

동사의 활용형이 시작되면서 많은 사람들이 포기하고 만다. '복잡하고 외울 것이 많다'는 등의 갖가지 이유를 듣지만, 따지고 보면 한국어의 동사 활용만큼 어려운 것도 없을 것이다. 또한 영어의 동사와 관련된 사항만 하여도 엄청난 분량을 할애하고도 모자랄 정도이다. 결론적으로 일본어의 동사 활용은 쉬우며, 변칙동사는 단 2개에 불과하다.

이 절에서 취급하게 될 내용들은 동사 활용에 비하면 상대적으로 더욱 쉬운 내용들이므로 부담 갖지 말고 빠른 속도로 독파해 나가기 바란다.

ここは教室である. (여기는 교실이다)
そこは電気室である. (거기는 전기실이다)
あそこはどこですか. (저기는 어디입니까)
あそこは富士山です. (저기는 후지산입니다)

장소를 가리키는 지시대명사로 ここ, そこ, あそこ, どこ를 소개하였으며, 방향을 가리키는 지시대명사로는 こちら, そちら, あちら, どちら가 있다. 이들과 밀접하게 사용되는 조사가 장소를 나타내는「に」(에)이다.

* 教室(きょうしつ), 電気室(でんきしつ), 富士山(ふじさん)

こちらに新聞がある. (이쪽에 신문이 있다)
かばんはどこにありますか. (가방은 어디에 있습니까?)
金先生はどちらにいますか. (김선생은 어느 쪽에 있습니까?)
あちらに鳥がいる. (저쪽에 새가 있다)
そこには何(なに)があるか. (거기에는 무엇이 있을까?)
そこにはコイルがある. (거기에는 코일이 있다)

주격조사(엄밀히 말하면 특수조사) '는', '은'에 해당하는 것이 は라면, 주격조사 '이', '가'에 해당하는 것이 が이다. 이 특수조사 は는 다른 조사와 함께 사용될 수 있다. 즉 위의 예문에서 には는 '에는'이 되어 복합조사가 되나, 굳이 한 단어로 기억할 필요가 없을 것이다.

지구상에서 '있다'를 표현하는 데 생물과 무생물을 구분하는 언어는 일본어뿐이다. 원칙적으로(예외도 있다는 것을 의미하나 무시) 움직이는 사람이나 동물에는 いる, 움직이지 않는 무생물과 식물에는

---

* 新聞(しんぶん), 先生(せんせい), 鳥(とり)

ある를 사용하며, 이들의 공손한 표현이 います와 あります이다.

> これはその機械の部品である. (이것은 그 기계의 부품이다)
> その部品の名前は何であるか. (그 부품의 이름은 무엇인가?)
> あれもこの機械の部品であるか. (저것도 이 기계의 부품인가?)

Preview

조사 も는 '도'에 상당하나, '(이)나'로 해석하는 것이 자연스러운 경우도 있다. (예 : ボルトもナットも部品である. 볼트나 너트나 부품이다)

☑ 흔히 한국인이 일본인의 말을 흉내낼 때 많이 사용하는 것이 「の」이다. 소유격을 나타내는 한국어의 '의'와 일본어의 の의 사용 빈도수를 보면 일본어의 の가 확실히 많다. 예를 들면, 일본어로 あの

* 機械(きかい), 部品(ぶひん), 名前(なまえ), 何(なん), 家族(かぞく), 中(なか)

私の家族の中…로 한국어에서는 "저, 제 가족 중…"과 같이 '의'가 1회도 사용되지 않은 데 비하여 일본어에서는 の가 생략되지 않고 3회 사용되었다. 이것을 전부 해석하게 되면 어색한 졸문이 되어 버린다.

机のそばにボルトとナットがある. (책상 옆에 볼트와 너트가 있다)
テーブルの後ろには花がある. (테이블의 뒤에는 꽃이 있다)
時計の電池はどこにあるか. (시계의 전지는 어디에 있는가?)
あなたの前の近くにある. (당신 앞의 가까이에 있다)
上にも何かあるか. (위에도 무엇인가 있는가?)
いいえ, 何もない. (아니, 아무것도 없다)

☑ 위의 예문에서 단어에 따라서는 가나(예, そば) 혹은 한자(예, 机)로만 표기하기도 하고, 또 後ろ나 近く와 같이 한자와 가나를 섞어 쓰기도 하는데, 일정한 규칙이 따로 있는 것은 아니고 일본인들이 정한 맞춤법에 의한다. 何와 같은 경우에는 그 발음이 なに 혹은 なん으로서 가나로 쓰기도 한다. ない의 경우에도 無い로 쓰는 경우도 종종 있으나, 이 책에서는 가장 보편적으로 사용되는 것을 위주로 하였다.

Preview

동사 '있다' 「ある」의 부정인 '없다'는 ない이다. 나중에 동사편에서 상세히 취급할 예정이나, 부정형을 만드는 규칙에 대한 유일한 예외이다.

---

* 机(つくえ), 後ろ(うしろ), 花(はな), 時計(とけい), 電池(でんち), 前(まえ), 近く(ちかく), 上(うえ)

위의 예문의 첫 번째 문장에서 열거하는 데 사용되는 조사「と」를 소개하였는데, AとBとC(A와 B와 C)와 같이 열거하는 것이 둘이든 셋이든 그것으로 끝난다. 이에 비하여, 또 다른 조사「や」는 AやBやCなど(A랑 B랑 C 등)과 같이 사용하여 열거하는 단어가 둘이건 그 이상이건 그와 같은 것이 더 있음을 내포하고 있다.

따라서 흔히 など가 뒤에 붙는데, など가 없어도 '등', '따위'의 뜻을 포함한다고 보아야 한다. 여기서 や는 구어체뿐 아니라 일반적인 문장에도 사용할 수 있으며, '랑'으로 번역하기는 하였으나 한국어의 '랑'은 구어체적인 색채가 짙으므로 이것이 싫으면 '와(과)', '(이)나' 혹은 그냥 콤마로 하여도 상관없다.

또한 논문 등의 문장에 자주 사용하는 접속사로는 한국어의 '및'에 정확히 대응하는「及(およ)び」가 있다.

この町には銀行や会社や病院などがある. (이 마을에는 은행, 회사, 병원 등이 있다)
科学と工学には関係がある. (과학과 공학에는 관계가 있다)
機械および金属の専門委員会が明日ある. (기계 및 금속 전문위원회가 내일 있다)

☑ 독해와 관련하여 동사의 활용 중 가장 중요한 것은 역시 과거, 부정 그리고 가정이다. 특히 부정의 형태에 익숙하지 않아 긍정으로 해석해야 할 문장을 부정으로 해석하거나 혹은 그 반대로 하는 경우가 가장 경계해야 할 사항이다.

* 町(まち), 銀行(ぎんこう), 会社(かいしゃ), 病院(びょういん), 科学(かがく), 工学(こうがく), 関係(かんけい), 機械(きかい), 金属(きんぞく), 専門委員会(せんもんいいんかい), 明日(あす, あした)

다시 동사편에서 상세히 취급할 예정이나 「(で)ある」의 과거형은 「(で)あった」이고, 「だ」의 과거형은 「だった」라는 것을 미리 기억해 두면 편리할 것이다.

Preview

과거형은 た로 끝나는 것을 주목하기 바란다.

ここは教室だった. (여기는 교실이었다)
そこは電気室であった. (거기는 전기실이었다)
机のそばにボルトがあった. (책상 옆에 볼트가 있었다)
テーブルの後ろには花があった. (테이블 뒤에는 꽃이 있었다)

가정형은 일반적으로 조사 ば가 붙는다. 「(で)ある」의 가정형은 「(で)あれば」이고, 「だ」의 가정형은 「なら(ば)」이다.

형용사 · 동사 · 조사

* 教室(きょうしつ), 電気室(でんきしつ), 机(つくえ), 後ろ(うしろ), 花(はな)

まだ学生であれば，これが… (아직 학생이라면 이것이 …)
そこが電気室であれば，中には配電盤がある. (거기가 전기실이라면, 속에는 배전반이 있다)
ここが教室なら，黒板がある. (여기가 교실이라면 칠판이 있다)
それが配電盤ならば，そのそばには電動機がある. (그것이 배전반이라면, 그 옆에는 전동기가 있다)

마지막으로 지금까지 배운 단문을 연결하여 중문을 만드는 방법을 소개하도록 한다.

ここは教室だ + そこは電気室だ.
→ ここは教室で，そこは電気室だ.
＝ここは教室であり，そこは電気室である. (여기는 교실이고 거기는 전기실이다)
私は学生で，あなたは先生である. (나는 학생이며, 당신은 선생이다)
ここは電気室で，中には配電盤がある. (여기는 전기실이며, 속에는 배전반이 있다)

즉, 중문의 연결시 だ는 で로, である는 であり로 바뀌게 되며, 일반적으로는 콤마로 문장을 분리하게 된다. 그러나 짧은 문장으로 혼

---

* 学生(がくせい), 電気室(でんきしつ), 中(なか), 配電盤(はいでんばん), 教室(きょうしつ), 黒板(こくばん), 電動機(でんどうき), 私(わたし), 先生(せんせい)

동의 여지가 없으면 생략하기도 한다.

1.5 형 용 사

사물의 성질이나 상태, 모양 등을 나타내는 형용사와 형용동사의 용법을 소개하도록 한다.

- ☑ 일본어에는 한국어의 형용사에 해당되는 것으로 형용사와 형용동사의 두 종류가 있다고 이해하면 되며, 이들은 단지 외관상의 차이만 있을 뿐이다.
- ☑ 이 절에서부터는 새로 등장하는 단어 대신에 관심 있는 부분에 밑줄을 긋기로 한다.

1.5.1 형용사와 형용동사

다음에 「い」로 끝나는 형용사의 예를 들어본다.

この道は<u>広い</u>です. (이 길은 <u>넓습니다</u>)
あの橋は<u>長い</u>. (저 다리는 <u>길다</u>)
ソウルには<u>高い</u>ビルが<u>多い</u>. (서울에는 <u>높은</u> 빌딩이 <u>많다</u>)
図書館には学生が<u>少ない</u>. (도서관에는 학생이 <u>적다</u>)
今日の天気は<u>良い</u>. (오늘의 날씨는 <u>좋다</u>)

---

* 道(みち), 広い(ひろい), 橋(はし), 長い(ながい), 高い(たかい), 多い(おおい), 図書館(としょかん), 学生(がくせい), 少ない(すくない), 今日(きょう), 天気(てんき), 良い(よい)

이 예문을 보면 알겠지만 일본어의 형용사 기본형은 「い」로 끝나며, 명사(좀더 엄밀히 말하면 체언)의 앞에서 수식하건 서술형으로 끝나건 「い」로 끝난다.

형용사와 형용동사의 용도는 같으나 활용은 다르므로 유의!

형용사로 문장이 끝나는 경우 논문체에서는 그냥 형용사의 기본형으로 끝마치면 되지만 첫 번째 예문과 같이 끝에 です를 붙이면 공손한 표현이 된다.

- 良い는 よい혹은 いい로 발음하며 그냥 가나로만 표기하는 경우가 많다. 또한 다른 한자를 사용하여 好い, 善い로 표기하기도 한다.
- 일본어에서도 끊임없이 신조어가 만들어지고 또 사어가 된다. 이미 사어가 되버린 단어 중에서 한때 유행했던 なうい(새롭다, 현대적이다)라는 형용사가 있었다. 영어의 now에 형용사의 어미 い를 붙인 것이다.

Preview

이와 같이 い로 끝나는 단어의 9할 이상은 형용사이나, 주의할 점은 간혹 い로 끝나는 단어이면서도 형용사가 아닌 경우도 있으므로 단정을 지어서는 안된다.

다음의 예는 형용동사를 보인 것이다.

(1) コンピュータは<u>現代的</u>だ. (컴퓨터는 <u>현대적</u>이다)
(2) この機械の運転は<u>静か</u>である. (이 기계의 운전은 <u>조용</u>하다)
(3) このコンピュータの操作は<u>簡単</u>です. (이 컴퓨터의 조작은 <u>간단</u>합니다)
(4) あの鳥は<u>にぎやか</u>な公園にいる. (저 새는 <u>번화한</u> 공원에 있다)
(5) とても<u>きれい</u>な少女である. (매우 <u>예쁜</u> 소녀이다)
(6) <u>いろいろ</u>な花がたくさんある. (<u>여러 가지</u> 꽃이 많이 있다)
(7) 彼女は<u>立派</u>な先生である. (그녀는 <u>훌륭한</u> 선생이다)

형용동사는 성격이 형용사와 비슷하나, 그 활용이 동사와 비슷하다고 하여 이러한 명칭이 붙은 것이나 절대 동사가 아니고 우리말로는 역시 형용사에 해당된다.

☑ 필자 개인적인 생각으로는 형용동사의 활용이 동사와 비슷하다는 데에는 동의하기 어려우며, 오히려 외관상 명사와 비슷한 점이 많

* 現代的(げんだいてき), 機械(きかい), 運転(うんてん), 静か(しずか), 操作(そうさ), 簡単(かんたん), 鳥(とり), 公園(こうえん), 少女(しょうじょ), 花(はな), 彼女(かのじょ), 立派(りっぱ), 先生(せんせい)

다고 본다(물론 명사가 활용형을 갖는다는 의미는 아니다). 앞으로 등장할 형용동사의 종지형, 부정형, 가정형 등의 활용을 1.4절의 뒷부분과 비교해 보기 바란다.

Preview

형용동사에 관해서는 일본인 학자 사이에서도 의견이 분분하며, 심지어는 형용동사 자체를 인정하지 않는 학설도 있다. 즉, 모든 형용동사는 「명사+だ」라는 견해이며, 사실 이 편이 우리로서는 가장 간명하다.

위의 예문 중 밑줄친 静か, 現代的, 簡単, にぎやか, きれい, いろいろ, 立派 등이 이에 해당한다(이것들을 형용동사의 어간이라 부른다). 특히 現代的과 같이 명사에 「的」이 붙어서 만들어진 형용동사도 많다.

(4)~(7)예와 같이 명사(엄밀하게는 체언)를 수식하는 경우에는 형용동사에 「な」를 붙이면 된다. 이 중 (5)예의 きれい는 외관상 형용사처럼 보이나 실제로는 형용동사이므로 반드시 な를 붙여야 한다.

만약 (1)~(3)예와 같이 형용동사로 문장이 끝나게 되면, 명사와 마찬가지로 「だ」「である」를 붙이며, 공손한 표현인 경우에는 「です」를 붙인다.

- ☑ 이 책에서는 형용동사를 소개할 때 혼동의 소지가 없는 한 기본형 대신에 어간을 사용하도록 한다.
- ☑ 문법적으로 보면 형용동사의 기본형은 いろいろだ, 現代的だ와 같이 어미 「だ」로 끝나게 되며, いろいろ, 現代的가 어간이다.
- ☑ 일본어 교과서를 보면 형용동사가 체언을 수식하는 경우에는 어미 「だ」가 「な」로 바뀌고, 형용동사로 문장이 종지하는 경우에는 기본형을 취한다고 설명된다. 그러나 이러한 설명에 구애받지 말고

형용동사로 문장이 끝나는 경우에는 이미 1.2, 1.4절에서 익숙해진 「명사+だ 또는 である」의 형태와 동일하다고 이해하는 것이 혼동의 여지가 없다.

Preview

同(おな)じ는 형용동사이면서도 체언을 수식하는 경우에 「な」가 붙지 않는다(예, 같은 색: 同じ色). 이밖에도 な가 붙지 않는 형용동사로는 이미 어간에 な가 포함되어 있는 こんな(이렇다), そんな(그렇다), あんな(저렇다), どんな(어떻다) 정도이다.

☑ 참고로 한국어의 '간단하다'와 '진행하다'는 외관상으로는 유사하나 전자는 형용사, 후자는 동사이다. 어떻게 이를 쉽게 식별할 수 있을까? 간단한 방법으로 '하다' 대신에 '한다'를 붙여서 말이 되면 동사이다. 한국어에서 '간단하다'와 같이 '하다'가 붙는 형용사가 일본어의 형용동사에 해당되는 경우가 많으며, 또한 한자어인 경우가 상대적으로 많다.

1.5.2 어미변화

형용사와 형용동사는 어미가 변화하는 활용형을 갖는다. 동사의 활용에 비하면 그 종류가 매우 적으며 단순하다. 특히 형용동사의 경우에는 앞 항에서도 강조하였듯이 마치 「명사+だ」와 같이 간주하면, 기억할 것은 부사형을 만드는 정도이다.

▶ 형용동사의 부정

어간에 ではない 또는 でない를 붙이면 된다.

☑ 물론 공손한 표현은 ない의 공손한 표현인 ありません을 사용하여 で(は)ありません로 하면 된다.

この町はにぎやかではない. (이 마을은 번화하지 않다)
あの青年は朗らかではありません. (저 청년은 명랑하지 않습니다)
庭にきれいでない猿がいる. (정원에 예쁘지 않은 원숭이가 있다)

외관상으로는 1.2절에서 취급하였던 명사를 부정하는 방법(예를 들면 学生ではない)과 동일하다.

▶ 형용사의 부정형

어미「い」를「く」로 바꾼 후 ない(공손한 표현이면 ありません)를 붙인다.

東京の冬は寒くない. (동경의 겨울은 춥지 않다)
このテープは狭くありません. (이 테이프는 좁지 않습니다)
今日の天気はよくない. (오늘의 날씨는 좋지 않다)

---

* 青年(せいねん), 朗らか(ほがらか), 庭(にわ), 猿(さる)
* 東京(とうきょう), 冬(ふゆ), 寒く(さむく), 狭く(せまく), 今日(きょう), 天気(てんき)

◐ 형용사의 부사형

우리말로 형용사 '아름답다'는 '아름답게', '조용하다'는 '조용히, 조용하게'로 부사화되듯이 일본어에서도 마찬가지이다. 규칙은 매우 단순하여 형용사의 경우에는 부정형을 만들기 위해 사용하였던 것과 같은 방법으로 「い」를 「く」로 바꾸기만 하면 된다.

寒い(춥다) → 寒く(춥게)
長い(길다) → 長く(길게)
多い(많다) → 多く(많게, 많이)
よい(좋다) → よく(좋게, 잘, 자주)

Preview

마지막의 예 よく와 같이 형용사의 부사형이 아니고 정말로 부사가 되는 경우도 간혹 있다.

◐ 형용동사의 부사형

형용동사의 어간에 「に」를 붙인다. 이미 조사 「に」는 체언에 붙어 '에'라는 의미로 어느 정도 익숙해져 있을 것으로 생각되나, 형용동사의 부사형에 붙었을 때 '에'로 해석하면 뜻이 통하지 않으니 각별히 주의해야 한다.

静か (조용하다) → 静かに (조용히)
きれい (예쁘다) → きれいに (예쁘게)
簡単 (간단하다) → 簡単に (간단히)
一般的 (일반적이다) → 一般的に (일반적으로)

▶ 형용사의 과거형

형용사의 과거형은 어미 「い」를 「かった」로 바꾼다.

▶ 형용사의 가정형

형용사의 가정형은 어미 「い」를 「ければ」로 바꾼다.

昨日は寒かった(← 寒い). (어제는 추웠다)
長かった夏. (길었던 여름)
ケーキのため, 雰囲気がよかった(← よい). (케이크 때문에 분위기가 좋았다)
寒ければ(← 寒い), 私はうれしい. (추우면 나는 즐겁다)
膜が硬ければ(← 硬い), 良い製品である. (막이 단단하면 좋은 제품이다)

---

* 寒い(さむい), 長い(ながい), 多い(おおい), 静か(しずか), 簡単(かんたん), 一般的(いっぱんてき)
* 昨日(きのう), 夏(なつ), 雰囲気(ふんいき), 私(わたし), 膜(まく), 硬い(かたい), 良い(よい), 製品(せいひん)

형용동사의 가정

형용동사의 가정은 なら(ば)를 붙인다. 또한 である의 가정형であれば를 사용하기도 한다. 외관상 명사와 동일함에 주목하기 바란다.

その家が静かなら, (그 집이 조용하다면,)
交通が不便ならば, (교통이 불편하다면,)
この町がにぎやかであれば, (이 마을이 번화하다면,)
あの花がきれいであれば, (저 꽃이 예쁘다면,)

형용사 및 형용동사의 명사형

형용사 및 형용동사의 명사형은 어간에 「さ」만 붙이면 된다. 간혹 특수한 경우에 み나 け, げ가 붙기도 하나 빈도상으로는 극히 적을뿐더러, 통상 이러한 것들은 사전에 수록되어 있다. 예를 들면, さむさ(추위)는 사전에 없으나, さむけ(한기)는 보통 나온다.

南極の寒さはすごい. (남극의 추위는 굉장하다)
計器の長さは3mである. (계기의 길이는 3m이다)
問題の簡単さに安心. (문제의 간단함에 안심)

---

* 家(いえ), 交通(こうつう), 不便(ふべん), 町(まち), 花(はな)
* 南極(なんきょく), 寒さ(さむさ), 計器(けいき), 長さ(ながさ), 問題(もんだい), 簡単(かんたん), 安心(あんしん)

형용사의 일부는 동사형

형용사의 일부는 동사형이 될 수 있다. 한국어에서 '춥다'가 '추워하다'로 변화하는 것과 마찬가지로서, 일반적으로 '…하다'의 의미인 경우에는 어간에 「がる」를 붙인다(앞에서 설명한 형용사의 명사형과 마찬가지로 이 경우에는 따로 사전에 나오지 않는 것이 일반적이다).

예제에도 보이듯이 그 이외의 것(아래 예에서 める, まる)이 붙으면 반드시 사전에 나오므로 염려할 필요는 없다.

寒い(춥다) → 寒がる(추워하다)
怖い(무섭다) → 怖がる(무서워하다)
高い(높다) → 高める(높이다), 高まる(높아지다)

단문의 연결

마지막으로 형용사로 마치는 두 개의 단문을 연결하는 방법을 배우기로 한다. 예를 들어, 우리말로 '이 길은 넓다'와 '저 다리는 길다'를 중문으로 연결하면 '이 길은 넓고, 저 다리는 길다'이다.

この道は広い + あの橋は長い. = この道は広く, あの橋は長い. = この道は広くてあの橋は長い.
この図書館には雑誌がなく, 本も少ない. (이 도서관에는 잡지가 없고, 책도 적다)

* 寒い(さむい), 怖(こわい), 高める(たかめる)
* 道(みち), 広い(ひろい), 橋(はし), 長い(ながい), 図書館(としょかん), 雑誌(ざっし), 本(ほん), 少ない(すくない)

즉, 형용사의 어간을 く로 바꾸거나, 여기에 て를 덧붙여 연결하게 된다. 외관상으로는 이미 설명한 부사형을 만드는 방법과 전적으로 동일하다.

☑ 보통 く 다음에는 콤마를, くて 다음에는 붙이지 않는 경향이나 절대적인 것은 아니다. 특히 く 다음에 콤마를 붙임으로써 부사형이 아니라는 것을 쉽게 식별할 수 있을 것이다.

다음에는 형용동사로 이어지는 중문의 예를 들어 본다. 1.4절의 마지막 부분에서 다룬 것과 전적으로 동일하다.

その家は不潔であり，交通も不便である．(그 집은 불결하고 교통도 불편하다)
この庭はにぎやかで，あの花はきれいだ．(이 정원은 번화하고, 저 꽃은 예쁘다)

다소 설명이 길어진 듯하여, 다음에 형용사와 형용동사에 대한 활용을 정리한다.

표 1 형용사 활용표

기본형 =연체형	부정	부사형 또는 중문연결	과거	가정	명사화	동사화
さむい	さむくない	さむく	さむかった	さむければ	さむさ	さむがる
こわい	こわくない	こわく	こわかった	こわければ	こわさ	こわがる

* 家(いえ)，不潔(ふけつ)，交通(こうつう)，不便(ふべん)，庭(にわ)，花(はな)

표 2 형용동사 활용표

어간	연체형	부정*	부사형	과거*	가정*	명사화
きれい	きれいな	きれい で(は)ない	きれいに	きれいだった きれいであった	きれい なら(ば) きれい であれば	
不便	不便な	不便 で(は)ない	不便に	不便だった 不便であった	不便 なら(ば) 不便 であれば	不便さ

※ 연체형은 체언(명사, 대명사 등)을 수식할 때의 형태이며, * 표시한 부분은 명사와 동일함을 의미한다.

1.5.3 수 사

형용사는 아니나, 수를 세는 수사를 소개하도록 한다.

赤いりんごが二つある. (빨간 사과가 둘 있다)
みかんはいくつあるか. (귤은 몇 개 있는가?)
箱の中に三つ, かばんの中に四つある. (상자 속에 세 개, 가방 속에 네 개 있다)
それは一ついくらであるか. (그것은 하나에 얼마인가?)
一つ二百円である. (하나에 이백엔이다)
あのノートは一册二百円である. (저 공책은 한 권에 이백엔이다)

* 赤い(あかい), 二つ(ふたつ), 三つ(みっつ), 箱(はこ), 四つ(よっつ), 一つ(ひとつ), 二百円(にひゃくえん), 一册(いっさつ), 安い(やすい), 紙(かみ), 一枚(いちまい), 二十(にじゅう), 五つ(いつつ), 六つ(むっつ), 七つ(ななつ), 八つ(やっつ), 九つ(ここのつ), 十(じゅう), 何枚(なんまい), 必要(ひつよう)

もっと安いのはないか. (더 싼 것은 없는가?)
この紙は一枚いくらですか. (이 종이는 한 장에 얼마입니까?)
一枚二十円です. 何枚が必要ですか. (한 장에 20엔입니다. 몇 장이 필요합니까?)

'하나, 둘, 셋, …, 아홉, 열'의 숫자는 「一つ, 二つ, 三つ, …, 九つ, 十」와 같이 9까지는 한자에 「つ」을 붙이면 되며, 10 이상이 되면 그냥 한자만 쓴다. 그리고 단위가 붙으면 「つ」를 붙이지 않고 一枚와 같이 한자만 쓰게 된다. 사물에 따라서 세는 단위가 달라지나 한국어와 비슷한 것이 훨씬 많으므로 복잡하게 생각할 필요는 없다. 물론 일본어 문장 중에는 아라비아 숫자도 사용할 수 있다.

몇은 「いくつ」이며, 얼마는 「いくら」이다. 한자를 사용하여 幾つ, 幾ら로 표기하기도 한다.

1.6 동사 「하다」

한국어에서 가장 많이 사용되는 동사는 무엇일까? 아마도 '공부를 하다'나 '공부하다'와 같이 '…을 하다' 혹은 「명사 + 하다」의 형태가 압도적으로 많은 것을 알 수 있을 것이다.

이는 한국어나 일본어가 명사 위주로 구성된 언어이며 동사는 명사로부터 변성되기 때문이라고 볼 수 있다. 즉, 일본어에서도 「명사 + する」의 동사 혹은 する가 단독으로 사용되는 경우가 매우 많다. 따라서 본격적으로 일반적인 동사의 활용형을 취급하기 전에 '하다'

의 する에 대한 약간의 지식만 있으면 지금까지 배운 것과 함께 간단한 문장의 독해는 가능하다고 생각한다.

이「する」동사는 단 둘밖에 안되는 변칙동사의 하나로서 그 활용을 잘 기억해 둘 필요가 있다. 지금까지 많이 사용되었던「である」의 과거형은「であった」이고,「だ」의 과거형은「だった」이듯이「する」의 과거형은「した」이다.

강조하면, 동사와 형용사의 과거에는「た」가 붙는다는 점에 주목하기 바란다.

一番多く食事する人が私の友達である. (가장 많이 식사하는 사람이 내 친구이다)

金属の分野で10年前から静かに研究した. (금속 분야에서 10년 전부터 조용히 연구하였다)

結局, チェスで勝利した ものはコンピュータであった. (결국 체스에서 승리한 것은 컴퓨터이었다)

去年大学生であった彼が今は会社で仕事をする. (작년에 대학생이었던 그가 지금은 회사에서 일을 한다)

여기에서 기억해야 할 중요한 사항으로서 동사가 체언을 수식하는 경우에

① 기본형(현재형)은 '…하는', '…할'

② 과거형은 '…한', '…하였던'

* 一番(いちばん), 食事(しょくじ), 人(ひと), 友達(ともだち), 金属(きんぞく), 分野(ぶんや), 10年前(じゅうねんまえ), 研究(けんきゅう), 結局(けっきょく), 勝利(しょうり), 去年(きょねん), 大学生(だいがくせい), 今(いま), 会社(かいしゃ), 仕事(しごと),

으로 해석한다. 이것은 제2장에서 취급할 일반적인 동사에서도 전적으로 동일하다.

위의 예문에서 동사와 밀접한 관련이 있는 3개의 조사가 처음으로 등장하였다. 즉, 목적의 '을(를)'에 해당하는 「を」, '에서'의 「で」, 그리고 '(으로)부터'의 「から」로서, 대단히 사용빈도가 높은 조사들이다.

이 중 장소를 나타내는 「で」는 장소뿐 아니라 다음의 '(으)로'의 의미로도 매우 많이 사용된다. 해석시 가장 틀리기 쉬우므로 각별히 주의해야 할 조사이다.

> 鉛筆で筆記する. (연필로 필기하다)
> バスで出勤した. (버스로 출근하였다)
> 海は人でいっぱいだ. (바다는 사람으로 가득하다)
> 紙で箱を製作する. (종이로 상자를 제작하다)
> 病気で学校を欠席する. (병으로 학교를 결석하다)
> 一カ月で終了する. (1개월로 종료하다)

☑ 한글의 '오'에 상당하는 발음은 お와 を이나 목적격조사로는 이 を자를 쓴다.

* 鉛筆(えんぴつ), 筆記(ひっき), 出勤(しゅっきん), 海(うみ), 人(ひと), 紙(かみ), 箱(はこ), 製作(せいさく), 病気(びょうき), 学校(がっこう), 欠席(けっせき), 一カ月(いっかげつ), 終了(しゅうりょう)

Preview

- 1개소, 1개월 등의 '개'는 カ, か, ヶ, 個 등으로 쓴다.
- 「で」의 또 하나의 용법은 이미 1.4절에서 배웠듯이 「だ」가 중문에 연결될 때 「で,」의 형태로서 '이며', '이고'의 의미로 사용된다(이때 반드시 콤마를 붙이는 것은 아니다). 이러한 세 가지 용법이 모두 빈번하게 사용되므로, 전후상황에 맞추어 정확한 의미파악이 요구된다.

☑ 다음 예문을 세 가지로 해석할 수 있으며, 따라서 전후문맥을 파악해야 한다. 일본어에 능통한 사람이라도 전문용어인 '항온조'가 무엇인지 모르는 경우에는 전후문맥으로조차도 파악할 수 없는 것은 당연한 일이다.

恒温槽で事故があった. (항온조에서 사고가 있었다 / 항온조로 사고가 있었다 / 항온조이며, 사고가 있었다)

Preview

이미 배운 조사들을 결합한 복합조사로서 「でも」가 있다. 의미는 '에서도', '(으)로도'가 된다. 이러한 복합조사는 일반적으로 각각의 조사의 의미를 그대로 갖게 되나, 드문 경우로 전혀 다른 의미가 되는 수도 있으므로 주의를 요한다. 즉, でも의 경우에는 또 하나의 의미로 '라도', '조차도'의 의미도 갖는다. 따라서 해석시 조금이라도 미심쩍으면 사전을 찾는 습관을 갖는 것이 좋을 것이다.

学生でも車を制作する. (학생이라도 자동차를 제작한다)
これは子供でも可能である. (이것은 어린이조차도 가능하다)

---

* 学生(がくせい), 製作(せいさく), 車(くるま), 子供(こども), 可能(かのう)

앞의 예문에서는 '필기하다'와 같이 기본형으로 해석하였으나, '필기한다'의 현재형 혹은 '필기하겠다'의 미래형으로 해석할 수도 있으므로 상황에 따라 판단하도록 한다. 이와 같이 일본어에서는 동사의 기본형과 현재형, 미래형의 꼴이 동일하다.

「する」의 수동형은 「される」(되다), 사역형은 「させる」(시키다)이다.

鉛筆で筆記<u>させる</u>. (연필로 필기시킨다)
紙で箱が制作<u>される</u>. (종이로 상자가 제작된다)
吸収<u>される</u>熱はここに移動する. (흡수되는 열은 여기로 이동한다)

다음 예문들의 밑줄친 부분은 전부「する」동사가 활용된 형태이다. 상세한 설명은 동사편을 보도록 하고 일단 눈에 익숙해지도록 반복해서 연습해 보기로 한다.

☑ 생각 외로 이하와 비슷한 난이도의 문장은 많으며, 만약 독자들이 가지고 있는 일어 전공서적이나 논문이 있으면 이 대목에서 한번 보기 바란다.

일단 예제의 밑줄에 포함된 가나 중 と는 '면', て는 '고', '서'로 해석한다. 또한 する로 중문에 연결될 때에는 し로 바뀌어, '…하고', '…하며'로 해석한다.

一般的に，動作流体は熱を吸収<u>すると</u>温度が上昇<u>して</u>容積が膨張<u>し</u>，熱を放出<u>すると</u>温度が下降し容積が減少<u>する</u>.
일반적으로, 작동유체는 열을 흡수하면 온도가 상승해서 용적이 팽창하며, 열을 방출하면 온도가 하강하고 용적이 감소한다.

---

* 鉛筆(えんぴつ), 成功(いこう), 筆記(ひっき), 紙(かみ), 箱(はこ), 吸収(きゅうしゅう), 熱(ねつ), 移動(いどう)
* 一般的(いっぱんてき), 動作(どうさ), 流体(りゅうたい), 温度(おんど), 上昇(じょうしょう), 容積(ようせき), 膨張(ぼうちょう), 放出(ほうしゅつ), 下降(かこう), 減少(げんしょう)

このようにして，熱エネルギを利用して動力を発生する装置の研究を理論的に推進する.
이와 같이 해서 열에너지를 이용하고 동력을 발생하는 장치의 연구를 이론적으로 추진한다.

* 熱(ねつ)，利用(りよう)，動力(どうりょく)，発生(はっせい)，装置(そうち)，研究(けんきゅう)，理論(りろん)，推進(すいしん)

保健用空調とは一般的に室内人員に対<u>する</u>快適環境を調整することを目的と<u>した</u>もので，住宅・事務室・デパートなどの空気調和はこれに属<u>する</u>.
보건용공조란 일반적으로 실내인원에 대한 쾌적환경을 조성하는 것을 목적으로 한 것으로, 주택, 사무실, 백화점 등의 공기조화는 이것에 속한다.

* 保健用(ほけんよう), 空調(くうちょう), 室内(しつない), 人員(じんいん), 対する(たいする), 快適(かいてき), 環境(かんきょう), 調整(ちょうせい), 目的(もくてき), 住宅(じゅうたく), 事務室(じむしつ), 空気調和(くうきちょうわ), 属する(ぞくする)

2 동 사

이 장에서는 본격적으로 일본어의 동사를 취급하게 되며, 어렵다고 느껴지는 부분도 상당수 있을 것이다. 어디까지나 독해 중심이라고는 하여도 외국어는 외국어인 만큼 노력하지 않고 좋은 결과를 기대하기는 어렵다. 부디 포기하지 말고 이해되지 않는 부분이 있으면 건너뛰어도 좋으니 반복학습을 통하여 '익숙'해지도록 노력하기 바란다.

일본어에서 동사의 기본형은 다음 예문과 같이 「う段」(う, く, ぐ, す, つ, ぬ, ぶ, む, る의 모두 9개가 사용됨)으로 끝나며, 주로 사물의

동작, 작용, 존재를 나타낸다. 형용사, 형용동사와 마찬가지로 변화하지 않는 부분인 어간과 변화하는 어미로 구성되며, 이 어미가 변하는 것을 동사의 활용이라 한다. 활용의 형태에 따라 정격동사와 변격동사로 구분되나, 변격동사에 해당되는 것은 이미 배운 する를 포함하여 단 2개뿐이다.

2.1 기본적인 활용

다음의 예문들 중 밑줄을 친 것이 동사의 기본형이며, 모두 「う段」으로 끝나는 것을 알 수 있을 것이다.

本がある. (책이 있다)
勉強をする. (공부를 하다)
字を書く. (글씨를 쓰다)
早く教える. (빨리 가르치다)
昨年死ぬ. (작년에 죽다)
水を飲む. (물을 마시다)

2.1.1 5단동사

동사가 활용된 형태를 다음의 예문에서 보이기로 하며 편의상 「行(い)く」(가다)를 사용하였다.

---

* 本(ほん), 勉強(べんきょう), 字(じ), 書く(かく), 早く(はやく), 教える(おしえる), 昨年(さくねん), 死ぬ(しぬ), 水(みず), 飲む(のむ), 明日(あした, あす), 時(とき)

부정형 : まだ行かない. (아직 가지 않는다)
의지형 : もう行こう. (이제 가자)
연용형 : すぐ行きます. (곧 갑니다)
종지형 : いま行く. (지금 간다)
연체형 : 明日行く時. (내일 갈 때)
가정형 : 早く行けば. (빨리 가면)
명령형 : 早く行け. (빨리 가라)

밑줄친 부분이 동사의 어간과 어미로서 이 예에서 열거한 동사의 활용형이 거의 전부라고 하여도 과언이 아니다. 이것이 기억하기 어렵다는 것은 도저히 이해할 수 없는 것이다.

이번에는 す로 끝나는 동사(즉, 어미가 す인 동사) 「話(はな)す」를 예로 들어본다.

부정형 : 先生は話さない. (선생님은 이야기하지 않는다)
의지형 : 部屋で話そう. (방에서 이야기하자)
연용형 : 必ず話します. (반드시 이야기합니다)
종지형 : 日本語で話す. (일본어로 이야기한다)
연체형 : 話す人は誰であるか. (이야기하는 사람은 누구인가?)
가정형 : 話せばわかる. (이야기하면 이해한다)
명령형 : ゆっくり話せ. (천천히 이야기하라)

먼저 예를 든 「行く」와 같은 규칙이 적용되는 것을 쉽게 알 수 있을 것이다. 즉, 기본형 「話す」의 어미는 す로서 역시 「う段」으로 끝나며, 부정을 하기 위해서는 어미를 「あ段」, 즉 さ로 바꾼 후 조동사 「ない」를 붙이면 된다. 또 하나 중요한 것이 가정으로서 어미 す를 「え段」, 즉 せ로 바꾸고 조사 「ば」를 붙이면 '…하면'의 의미가 된다.

Preview

조동사 ない는 형용사처럼 활용된다(p. 32의 표 1 참조).

話さない人はここにいる資格がない. (이야기하지 않는 사람은 여기에 있을 자격이 없다)
話さなくて静かに食事する. (이야기하지 않고 조용히 식사한다)
話さなければ, だめだ. (이야기하지 않으면 안된다)

* 先生(せんせい), 話す(はなす), 部屋(へや), 必ず(かならず), 日本語(にほんご), 誰(だれ)
* 人(ひと), 資格(しかく), 静か(しずか), 食事(しょくじ)

지금까지의 내용을 정리해 보면 다음 표와 같다(밑줄친 부분이 어미).

표 3 5단동사의 활용형

기본형 (=종지형, 연체형)	부정형	의지형	연용형	가정형	명령형
行(い)く	いか+ない	いこ+う	いき+ます	いけ+ば	いけ
話(はな)す	はなさ+ない	はなそ+う	はなし+ます	はなせ+ば	はなせ

이러한 어미의 변화에 따른 활용형은 각각 이름을 가지고 있다. 이 책의 목적이 문장의 독해에 있는 만큼 상세한 설명은 하지 않겠으며 관심없는 독자는 활용형의 명칭에 구애받지 말고 내용만 이해하기 바란다. 동사의 활용형에는 미연형(부정형과 의지형), 연용형, 종지형, 연체형, 가정형, 명령형의 여섯 가지가 있으나, 이 중 종지형과 연체형은 기본형과 동일하다.

위에서 예로 든 行く(가다)와 話す(이야기하다) 및 飲(の)む(마시다), ある(있다)의 동사가 변화하는 것을 보이기로 한다. 이하의 내용을 건너뛰려는 독자는 부정과 가정 그리고 연용형(ます형)만을 기억하고 일단 넘어가기 바란다.

☑ 미연형(未然形) : 미연형에는 두 가지 형태가 있으며 각각 어미가 「あ段」과 「お段」으로 바뀐다. 이 중 「あ段」의 미연형에는 조동사 「ない」가 붙어 부정형이 되므로 이를 부정형이라 부르는 학자도 있다. 「あ段」 미연형, 즉 부정형에 붙는 조동사 「ない」는 '…지 않다', 「お段」 미연형에 붙는 조동사 「う」는 의지, 권유, 추량의 의미를 가지며 '…하자' 정도로 해석한다. 이 책에서는 「お段」 미연형을

편의상 의지형이라 부르겠다.

- 부정형 : 行かない(가지 않다) ; 話さない(말하지 않다) ; 飲まない(마시지 않다)
- 의지형 : 行こう(가자) ; 話そう(이야기하자) ; 飲もう(마시자)

Preview

단 하나의 예외로 ある의 부정은 あらない가 아니고 그냥 ない이다.

☑ 연용형(連用形) : 이 형태에 용언(형용사, 동사 등)이 이어진다는 의미에서 붙은 명칭이다. 조동사(ます, たい)가 붙기도 하고, 중문에 이어질 때 등에 사용된다. 여기에서 사용된 조동사 「ます」는 'ㅂ니다', 「たい」는 '…하고 싶다'의 의미이다.

行きます(갑니다) ; 話します(이야기합니다) ; 飲みます(마십니다) ; あります(있습니다)

あなたはそこに行き, 私はここで飲みたい. (당신은 거기에 가고, 나는 여기에서 마시고 싶다)

ここには本があり, あそこには鉛筆がある. (여기에는 책이 있고, 저기에는 연필이 있다)

☑ 종지형(終止形) : 기본형과 같은 형태이며 문장을 마칠 때 등에 사용된다.

学校へ行く. (학교에 간다)

静かに話す. (조용히 이야기한다)

ビルを飲む. (맥주를 마신다)

機械がある. (기계가 있다)

☑ 연체형(連体形) : 체언(명사, 대명사 등) 앞에 사용되는 것이 주용도이며, 형태상으로는 기본형과 동일하다. 해석은 현재 진행되는

의미인 '…하는' 또는 미래에 있을 '…할'의 두 가지로 가능하며 전후상황에 따라 선택해야 한다(여기서는 편의상 전자의 의미로 해석해 두었다).

深夜に実験室に行く男 (심야에 실험실에 가는 남자)
話す鳥 (이야기하는 새)
友達と一緒に酒を飲む人 (친구와 함께 술을 마시는 사람)
机のそばにある測定器 (책상 옆에 있는 측정기)

☑ 가정형(仮定形) : 가정의 의미를 나타낼 때에 사용되며, 반드시 조사 「ば」(…면)가 붙는다
今行けば遅い. (지금 가면 늦다)
早く話せばきつい. (빨리 이야기하면 피곤하다)
たくさん飲めば体に悪い. (많이 마시면 몸에 나쁘다)
お金がたくさんあれば, よい. (돈이 많이 있으면 좋다)

☑ 명령형(命令形) : 명령의 뜻을 나타내며 일반적으로 이 형태로 문장이 끝난다. 이공계 서적에서는 연습문제 정도에서나 볼 수 있다.
早く行け. (빨리 가거라)
静かに話せ. (조용히 이야기하라)
ゆっくり飲め. (천천히 마셔라)

---

* 深夜(しんや), 実験室(じっけんしつ), 男(おとこ), 話す(はなす), 鳥(とり), 友達(ともだち), 一緒に(いっしょに), 酒(さけ), 机(つくえ), 測定器(そくていき), 今(いま), 遅い(おそい), 体(からだ), 悪い(わるい), お金(おかね), 早い(はやい), 静か(しずか)

지금까지 예로 들었던 行く, 話す, 飲む, ある는 각각 어미가 く, す, む, る로 끝나며, 이와 같은 종류에 포함되는 동사의 특징은 어미 변화가 5단에 걸쳐서 일어난다. 즉, く의 경우 か, き, く, け, こ의 5개로 변화할 수 있어, 5단에 걸쳐 변화가 일어나므로 5단활용이라는 표현을 쓴다. 기본형의 어미가 る가 아닌 모든 동사는 무조건 이 부류에 속한다. 5단동사의 어미변화는 극히 일부를 제외하고는 규칙적으로 변화하며 위에서 예를 든 것이 거의 전부이다.

☑ 동사 기본형의 어미 중 가장 많이 사용되는 것은 역시 る이다. る가 붙는 동사는 이미 설명한 5단활용일 수도 있고, 다음 항에서 설명할 상・하1단활용일 수도 있다. 형용사에서도 잠깐 신조어에 대해서 언급했는데, 동사의 신조어에는 일반적으로 る가 붙는 경향이다. 예를 들면, さぼる는 영어의 サボタージュ(사보타지)의 さぼ에 る를 붙여서 만들어진 동사로, '게을리하다'의 의미를 같는 속어이다.

2.1.2 상・하1단동사

동사 기본형의 어미가 る로 끝나는 동사 중 일부는 5단활용(예를 들면 ある)이나, 이와는 활용형태가 다른 상1단활용과 하1단활용이 있다. 상1단과 하1단의 활용형태는 동일한데 먼저 상1단활용으로서 동사 「起(お)きる」를 예로 들어 그 활용형을 본다.

부정형 : 6時まで起きない. (6시까지 일어나지 않는다)
의지형 : 早く起きよう. (빨리 일어나자)
연용형 : 規則的に起きます. (규칙적으로 일어납니다)
종지형 : すぐ起きる. (바로 일어난다)
연체형 : 朝早く起きることは健康にいい. (아침 일찍 일어나는 것은 건강에 좋다)
가정형 : 規則的に起きれば良い. (규칙적으로 일어나면 좋다)
명령형 : 早く起きろ. (일찍 일어나라)
명령형 : 早く起きよ. (일찍 일어나라)

위의 예문을 보면 알겠지만 5단활용동사와는 달리 「る」를 떼어낸 나머지 부분에는 변화가 없음을 주목해야 한다. 즉, 외관상 거의 어미의 변화가 없으며, 적당한 조동사 혹은 조사만 붙이면 된다. 따라서 동사의 변화형태가 5단보다도 훨씬 단순하다

- 상1단의 의지형에 붙는 조동사는 「よう」이다.
- 상1단의 경우 명령형이 두 가지 형태가 있는데, 어떤 형태이든 이공계 서적에서는 명령할 일이 별로 없으므로 거의 사용되지 않는다.
- 일본어 교과서를 보면 「起きる」에서 어간은 「起」이고 나머지 「きる」가 어미라고 설명되어 있으며 이것이 문법적으로는 올바르나, 외관상의 변화를 보면 「起き」부분이 변화하지 않는 것으로 보이는 만큼 이것이 어간이라고 생각하는 것이 편할 것이다.

* 時(じ), 早く(はやく), 規則的(きそくてき), 朝(あさ), 健康(けんこう), 良い(よい)

る로 끝나는 동사 – 우리는 한지붕 세 가족!

상1단동사의 식별은 일단 기본형이 「る」로 끝나야 하고, 바로 그 앞이 「い段」이어야 한다. 즉, 「起きる」의 경우에는 「る」로 끝나면서 그 앞이 き로서 「い段」이므로 바로 이 조건을 만족한다.

☑ 특히 많이 사용되는 이러한 상1단동사의 예를 들어본다.

生(い)きる	살다	伸(の)びる	늘어나다
できる	할 수 있다, 가능하다	通(つう)じる	통하다
見(み)る	보다	降(お)りる	내리다
用(もち)いる	이용하다	落(お)ちる	떨어지다
感(かん)じる	느끼다		

위에서 소개한 상1단활용과 비슷한 것으로서 하1단활용이 있다. 하1단동사의 활용되는 규칙은 상1단동사와 완전히 동일하므로 하나의 활용동사, 즉 '상・하1단동사'로 생각하여도 무방하다. 하1단동사 중 「教(おし)える」를 예로 들어 그 활용형을 본다.

☑ 원래의 일본어 문법대로 하면 하1단활용은 상1단활용과는 또 다른 규칙을 적용해야 한다. 그러나 이 책에서 설명하는 방식대로 이해하면 결과는 동일하다.

부정형 : 教えない (가르치지 않는다)
의지형 : 教えよう (가르치자)
연용형 : 教えます (가르칩니다)
종지형 : 教える (가르친다)
연체형 : 教える人 (가르치는 사람)
가정형 : 教えれば (가르친다면)
명령형 : 教えろ (가르쳐라)
명령형 : 教えよ (가르쳐라)

하1단동사의 기본형은 「る」로 끝나고 바로 그 앞이 「え段」이다. 예를 들면, 「教える」는 「る」로 끝나면서 그 앞이 え로서 「え段」이므로 바로 이 조건을 만족한다.

☑ 대표적인 하1단동사의 예를 들어본다.

数(かぞ)える	세다	見(み)せる	보이다
考(かんが)える	생각하다	当(あ)てる	맞추다
答(こた)える	대답하다	重(かさ)ねる	겹치다
加(くわ)える	더하다	食(た)べる	먹다
得(え)る	얻다	進(すす)める	진행하다
出(で)る	나오다	入(い)れる	넣다
上(あ)げる	올리다, 드리다		

외관상으로는 상1단, 하1단동사처럼 보이나 실제로는 5단활용인 예외적인 동사가 있어 복잡하다. 그러나 예외동사의 수가 적을 뿐더러 독해상으로는 별로 문제가 되지 않으므로 심각하게 생각할 필요는 없다.

표 4 상 · 하1단동사의 활용형

기본형(= 종지형, 연체형)	부정형	의지형	연용형	가정형	명령형
起(お)きる	おき+ない	おき+よう	おき+ます	おき+れば	おきろ, おきよ
教(おし)える	おしえ+ない	おしえ+よう	おしえ+ます	おしえ+れば	おしえろ, おしえよ

☑ 예외동사의 예를 들어 본다. 즉, 다음의 동사들은 외관상 상 · 하1단동사처럼 보이나 실제로는 5단동사이다.

照(て)る	비추다	參(まい)る	가다
減(へ)る	줄다	限(かぎ)る	한하다
帰(かえ)る	돌아가다	握(にぎ)る	쥐다
滑(すべ)る	미끄러지다	走(はし)る	달리다
蹴(け)る	차다	つねる	꼬집다
茂(しげ)る	무성하다	しゃべる	지껄이다
要(い)る	필요하다	ひねる	비틀다
切(き)る	자르다	もぎる	비틀어따다
知(し)る	알다	いじる	만지다
入(はい)る	들어가다	かじる	갉다

☑ 이상과 같은 예외적인 5단동사를 전부 기억할 필요는 없으나, 만약에 외어야 한다면 하나의 규칙으로 帰(かえ)る, 握(にぎ)る과 같이 い단이나 え난에 해당되는 부분이 한자어에 포함되이 있는 형태인 경우에 이러한 예외적인 5단동사가 될 가능성이 높다는 점이다. 또 한 가지는 한자어가 없는 순수한 토종 일본어 (예를 들면 ひねる, もぎる)도 예외가 될 가능성이 높다.

☑ 발음이 같은 세 개의 동사 変(か)える(바꾸다), 代(か)える(대신하다), 帰(かえ)る(돌아오다)에서 앞의 둘은 하1단이며, 마지막의 것은 5단동사이다.

変えない (바꾸지 않다)

変えよう (바꾸자)

変えれば (바꾸면)

変えろ (바꿔라)

帰らない (돌아오지 않다)

帰ろう (돌아가자)

帰れば (돌아가면)

帰れ (돌아가라)

☑ 혼동의 여지가 있음에도 불구하고 이 두 가지를 동시에 쓴 이유는 하1단동사이고 5단동사이고 문법에 틀리지 않게 작문하는 것이라면 결코 쉬운 일이 아니나, 독해를 목적으로 한다면 그다지 심각하게 구분하지 않아도 의미는 파악이 되기 때문이다. 즉, 상・하1단이고 5단이고 부정이면 조동사「ない」가 붙고, 가정이면 조사「ば」가 붙는다. 이것으로 독해시의 의미는 충분히 통하지 않을까?

2.1.3 변격동사

1.6절에서도 간단히 취급하였으나 가장 많이 사용되는 동사 '하다'의「する」는 변격동사로서 サ行변격활용이라 하며, 여기에 속하는 것은 이 동사 하나뿐이다. 또 하나의 변격동사는 カ行변격활용이라 하여「来(く)る」동사 하나뿐이다. 이 두 동사를 제외한 나머지의 동사, 즉 5단, 상・하1단동사를 정격동사라 한다.

특히 이 변격동사는 단 2개이면서도 사용빈도가 대단히 높으므로, 부정형이니 의지형이니 등의 명칭에 구애받지 말고 그냥 형태를 기억해 두는 편이 좋다.

「する」동사의 활용 예를 보인다. 이 중 두 번째의 부정형은 특수한 경우에만 사용된다.

부정형 : 二度と失敗はしない. (두번 다시 실패는 하지 않는다)
부정형 : 二度と失敗はせぬ. (두번 다시 실패는 하지 않는다)
의지형 : 勉強をしよう. (공부를 하자)
미연형 : 強制的にさせる. (강제로 시킨다)
연용형 : 一生懸命に勉強をします. (열심히 공부를 합니다)
종지형 : 毎日運動をする. (매일 운동을 한다)
연체형 : 運動するときが幸せである. (운동을 할 때가 행복하다)
가정형 : 静かにすれば聞こえる. (조용히 하면 들린다)
명령형 : 静かにしろ. (조용히 하라)
명령형 : 静かにせよ. (조용히 하라)

「來(く)る」동사의 활용 예는 다음과 같다.

부정형 : だれも來(こ)ない. (아무도 오지 않는다)
의지형 : あした來(こ)よう. (내일 오자)
연용형 : 來年に來(き)ます. (내년에 옵니다)
종지형 : 車が來(く)る. (자동차가 온다)
연체형 : 行く旧年と來(く)る新年. (가는 구년과 오는 신년)
가정형 : また來(く)れば歓迎する. (또 오면 환영한다)
명령형 : 静かに來(こ)い. (조용히 오너라)

---

* 二度(にど), 失敗(しっぱい), 勉強(べんきょう), 強制的(きょうせいてき), 一生懸命(いっしょうけんめい), 毎日(まいにち), 運動(うんどう), 幸せ(しあわせ), 静か(しずか), 聞こえる(きこえる)
* 来年(らいねん), 車(くま), 行く(いく), 旧年(きゅうねん), 新年(しんねん), 歓迎(かんげい)

활용에 따라 来의 발음이 달라지게 되는 점에 주목하기 바란다.

☑ 한국어의 동사 '오다'는 정말로 '오는' 경우도 있으나 '진행되어 오다'와 같이 보조동사로 사용되는 경우가 많다. 일본어에서의 来(く)る가 이와 전적으로 동일하며, 일반적으로 정말로 오는 경우에는 한자를 사용한 来る를 '…해 오다'의 보조동사인 경우에는 가나만을 사용한 くる를 쓰는 경향이나 절대적인 것은 물론 아니다.

Preview

간혹 生ずる, 存ずる와 같은 동사를 보게 되는데, 이것들 역시 일종의 변칙활용을 하게 된다. 그러나 이들은 주로 生じる, 存じる와 같이 표기하는 것이 일반적이므로, 그냥 상・하1단 동사로 간주하면 된다.

すると くる

2.2 조 동 사

2.1절에서 이미 중요한 조동사로서 부정을 나타내는 「ない」, 의지를 나타내는 「う」 「よう」, 그리고 공손의 조동사 「ます」를 취급하였다. 여기서는 그밖에 빈번하게 사용될 조동사 및 동사에 붙는 조사를 소개하겠다. 이 부분이 일본어에서 어렵다고 하는 마지막 관문이다. 여기만 통과하면 대부분의 독자는 사전의 힘을 빌리기는 하여도 독자적으로 일어문서독해가 가능할 것이라고 확신한다.

특히 동사에 붙는 조동사 및 조사의 수는 그다지 많지 않으면서도 독해를 위해서는 정확한 이해와 암기가 필수적이다. 극단적으로 표현하면 동사의 활용을 충분히 이해하지 못하여도 조동사 및 조사의 용법만 정확히 파악하고 있으면 매우 효율적인 독해가 가능하다는 점을 강조해 둔다.

2.2.1 사역과 수동

'…시키다', '…하게 하다'의 사역의 조동사에는 「せる」와 「させる」가 있다. 5단에는 「せる」, 상・하1단에는 「させる」가 사용된다. 마찬가지로 '…해지다', '…당하다'와 같은 수동의 의미로 사용되는 조동사로는 「れる」와 「られる」가 있으며, 5단에는 「れる」, 상・하1단에는 「られる」가 사용된다.

이들 조동사 「(さ)せる」와 「(ら)れる」는 다음 예와 같이 동사의 부정형에 이어진다.

Preview

변격동사 する에는 「せる」「れる」, 来る에는 「させる」「られる」가 각각 사용되나, 이를 굳이 기억하려기보다는 예문과 같이 직접 활용된 형태를 기억하는 것이 유용할 것이다.

기본형	부정형+ない	사역형 = 부정형+(さ)せる	수동형 = 부정형+(ら)れる
書(か)く	書かない	書かせる	書かれる
飲(の)む	飲まない	飲ませる	飲まれる
話(はな)す	話さない	話させる	話される
乗(の)る	乗らない	乗らせる	乗られる
呼(よ)ぶ	呼ばない	呼ばせる	呼ばれる
帰(かえ)る	帰らない	帰らせる	帰られる
食(た)べる	食べない	食べさせる	食べられる
生(い)きる	生きない	生きさせる	生きられる
する	しない	させる	される
來(く)る	來(こ)ない	來(こ)させる	來(こ)られる

研究の結果を書かせる. (연구결과를 쓰게 한다)
書かれる内容を分析する. (쓰여진 내용을 분석한다)
たくさん酒を飲めば, 最後には酒に飲まれる. (많이 술을 마시면 마지막에는 술에 마심을 당한다)
変な模様を見させる. (이상한 모양을 보게 한다)

---

* 研究(けんきゅう), 結果(けっか), 内容(ないよう), 分析(ぶんせき), 酒(さけ), 最後(さいご), 変(へん), 模様(もよう), 見させる(みさせる), 担当者(たんとうしゃ), 強制的(きょうせいてき), 悪い(わるい), 利用(りよう), 一致(いっち)

担当者を強制的に来させる. (담당자를 강제로 오게 한다)
悪いことに利用される. (나쁜 일에 이용 당하다)
こっそりとデータを一致させる. (몰래 데이터를 일치시키다)

이와 같이 동사의 사역형과 수동형을 만드는 방법을 배웠으나, 이렇게 만들어진 동사는 하1단이다. 즉「飲ませる」,「書かれる」,「食べられる」등은 원래의 동사에 조동사가 결합된 새로운 동사로 생각할 수 있으며 이들은 외관상으로 하1단동사이므로 이에 준한 활용을 하게 된다.

無理に食べさせない. (무리하게 먹게 하지 않는다)
分析させれば, その結果はすぐ判明される. (분석시키면 그 결과는 바로 판명된다)

사역 (さ)せる와 수동 (ら)れる

* 無理(むり), 分析(ぶんせき), 結果(けっか), 判明(はんめい), 講義中(こうぎちゅう), 嫌い(きらい), 食べ物(たべもの)

Preview

간혹 사용되는 표현으로 사역형에 수동형을 결합한 것이 있다. 예를 들면, 「飲む→飲ませる→飲ませられる(=飲まされる)」「食べる→食べさせる→食べさせられる」와 같은 형태로서, 의미는 자신의 의사와는 상관없이 '(강제로 시켜서)…하다'이다. 이때 せられる는 줄여서 される로도 사용하나, させられる는 줄인 표현이 없으며 그대로 사용한다.

講義中に読ませられるのは嫌いだ. (강의 중에 읽는 것은 싫다)

まずい食べ物をたくさん食べさせられた. (맛없는 음식을 많이 먹었다)

(ら)れる는 수동의 의미뿐만 아니라 가능, 존경, 자발 등 여러 가지 의미를 나타내기도 하므로 주의해야 한다.

수동의 조동사 「(ら)れる」는 수동의 의미뿐 아니라 가능, 자발, 존경의 의미로도 사용되기 때문에 대단히 사용빈도가 높다.

수동 : 天気がよい日には，遠くまで見られる. (날씨가 좋은 날에는 멀리까지 보인다)
가능 : 何も飲まない状態で数日間は生きられる. (아무 것도 마시지 않은 상태에서 며칠간은 살 수 있다)
자발 : 悪い記憶は忘れられる. (나쁜 기억은 잊혀진다)
존경 : 朝何時に起きられますか. (아침 몇시에 일어나십니까?)

경우에 따라서는 어느 쪽으로 해석해야 할지 모호한 상황도 있으며, 전후 관계로부터 판단할 수밖에 없다. 또한 위의 첫 번째 예문에서는 괄호 안의 해석과 같이 수동으로 생각할 수도 있으나 '멀리까지 볼 수 있다'로 가능으로 해석할 수도 있으며 어느 쪽으로 해석하여도 의미는 거의 동일하다.

☑ 자발의 의미로 사용된 경우에도 엄밀히 생각해 보면 수동과 그다지 의미상의 차이가 없음을 알 수 있을 것이다(문법적으로 따지기 좋아하는 사람들에게는 흥미있을지 모르지만). 따라서 수동의 조동사가 특수한 의미로 사용되는 것은 존경의 뜻으로 사용될 때이나, 전공서적 및 논문에 경어를 사용하는 경우는 극히 드물기 때문에 혼동의 여지는 거의 없을 것이다.

여기에서 조동사「(ら)れる」를 사용하여 가능을 표현할 수 있다고 하였는데 이밖에도 가능의 표현에는 몇 가지 방법이 있다. 상세한

* 天気(てんき), 日(ひ), 遠く(とおく), 何(なに), 状態(じょうたい), 数日間(すうじつかん), 生きる(いきる), 記憶(きおく), 忘れる(わすれる), 朝(あさ), 何時(なんじ)

사항은 제4장에서 다루기로 한다.

2.2.2 연용형에 붙는 조동사와 조사

동사의 활용 중 역시 가장 많이 사용되는 형태는 앞에서 다룬 부정형과 이 항에서 취급하는 연용형일 것이다. 연용형에는 ます 이외에도 여러 가지의 조동사와 조사가 붙어 다양한 표현을 하게 된다.

☑ 지금부터는 편의상 연용형에 붙는 대표적인 조동사 ます를 따서 연용형을 「ます형」이라고도 부르겠다. 그리고 뒤에서 설명하겠으나, 발음이 변화한 변형연용형인 음편형에는 대표적인 조사 て가 붙으므로, 편의상 「て형」이라고도 부르는 것으로 한다(이 책에서만 사용되는 명칭임).

먼저 연용형에는 개략적으로 어떠한 조동사와 조사가 사용되는지 요약해 본다.

표 5 연용형에 붙는 조동사

ます	…ㅂ니다	공손한 표현
た(だ)*	…하였다, …ㅆ다	과거
そうだ	…듯하다, …것 같다	양태
たい	…고 싶다	희망(본인)
たがる	…고 싶어하다	희망(타인)

☑ * 표시한 것은 음편형(て형 연용형)에 연결됨.

표 6 연용형에 붙는 조사

に	…하러, …에, …에게	목적
ながら	…하면서	동시
て(で)*	…하고, …해서	
たり(だり)*	…하기도 하고	
たら(だら)*	…하면, …하거든	가정
なさい	…하세요	부드러운 명령

☑ 정리된 형태의 표는 참고만 하기 바라며, 다음의 예문을 반복해서 보면서 눈에 익숙해지도록 하자.

이러한 조동사 및 조사의 수는 그다지 많지 않으면서도 문서독해에서는 대단히 중요한 역할을 하므로 반드시 암기해야 할 것이다. 연용형(ます형)이 사용된 예를 들어 본다.

鉛筆で数字を書き<u>ます</u>. (연필로 숫자를 씁니다)
今度の実験は成功でき<u>そうだ</u>. (이번 실험은 성공할 수 있을 듯하다)
海で泳ぎ<u>たい</u>. (바다에서 수영하고 싶다)
彼女は歌を歌い<u>たがる</u>. (그녀는 노래를 부르고 싶어 한다)
遊び<u>に</u>来た. (놀러 왔다)
遊び<u>ながら</u>来た. (놀면서 왔다)

---

* 鉛筆(えんぴつ), 数字(すうじ), 書く(かく), 今度(こんど), 実験(じっけん), 成功(せいこう), 海(うみ), 泳ぐ(およぐ), 彼女(かのじょ), 歌(うた), 歌う(うたう), 遊ぶ(あそぶ), 来た(きた), 早く(はやく), 発表(はっぴょう), 明日(あす, あした)

早く発表しなさい. (빨리 발표하세요)
明日來(き)なさい. (내일 오세요)

조동사에 따라서는 동사나 형용사 및 형용동사처럼 활용되기도 한다. 즉, 위의 예에서 た는 활용되지 않으나, そうだ는 형용동사, たい는 형용사, たがる는 동사처럼 활용된다. 다음에 몇 가지의 예를 들어 본다.

成功できそうな実験. (성공할 수 있을 것 같은 실험)
泳ぎたければ, 体操すること. (수영하고 싶으면, 체조할 것)
昨日は泳ぎたかった. (어제는 수영하고 싶었다)
彼女は歌を歌いたがらない. (그녀는 노래를 부르고 싶어하지 않는다)

「ます형」은 이밖에도 다음과 같은 용도로 매우 요긴하게 사용된다.

중문의 연결

한국어에서 '밥을 먹다'와 '차를 마시다'의 두 단문을 하나의 중문으로 묶으면, '밥을 먹고, 차를 마시다'와 같이 된다. 일본어에서 '…하고, 하며, 해서'에 해당되는 것이 바로 「ます형」이다.

* 成功(せんこう), 実験(じっけん), 泳ぐ(およぐ), 体操(たいそう), 昨日(きのう)

ご飯を食べ, お茶を飲む. (밥을 먹고, 차를 마신다)
日本語を習い, 論文を読み, 研究を進める. (일본어를 배우고 논문을 읽고 연구를 진행한다)
式を変え論理を展開する. (식을 바꾸고 논리를 전개한다)

☑ 중문의 연결에는 일반적으로 콤마를 붙이나 반드시 붙여야 하는 것은 아니다. 혼동의 여지가 없고 문장이 짧으면 바로 위의 예문과 같이 생략하기도 한다.

---

* ご飯(ごはん), 食べる(たべる), お茶(おちゃ), 飲む(のむ), 日本語(にほんご), 習う(ならう), 論文(ろんぶん), 読む(よむ), 研究(けんきゅう), 進める(すすめる), 式(しき), 変える(かえる), 論理(ろんり), 展開(てんかい)

동사의 명사화

동사의 명사화란 '가다'가 '가기', '감'과 같이 활용되는 것을 의미하는데, 일본어에서 명사화는 바로 「ます형」이 그 역할을 한다.

皆さんはある程度読みはできる．しかし書きはまだできない．それがこの本の狙いである．(여러분은 어느 정도 읽기는 가능하다. 그러나 쓰기는 아직 불가능하다. 그것이 이 책의 목적이다)
今度の休みは何をするか．(이번 휴가는 무엇을 할까?)
実験に良い考えがある．(실험에 좋은 생각이 있다)

Preview

첫 번째 예문에서 ある는 동사가 아니고 '어떤', '어느'의 의미이다. 대단히 틀리기 쉬운 표현 중의 하나이므로 독해시 각별한 주의가 요구된다.

복합용언

동사의 연용형은 다른 동사나 형용사, 즉 보조용언과 결합하여 복합용언을 만드는 데 사용된다. 이러한 보조용언의 수는 극히 한정되어 있다. 먼저 동사의 예를 보기 바란다.

* 皆さん(みなさん), 程度(ていど), 読み(よみ), 書き(かき), 本(ほん), 狙い(ねらい), 今度(こんど), 休み(やすみ), 何(なに), 実験(じっけん), 良い(よい), 考え(かんがえ)

時には<u>思い</u>出す. (때로는 생각이 난다)
いきなり<u>走り</u>出す. (갑자기 달리기 시작한다)
<u>持ち</u>出すのは禁止である. (가지고 나가는 것은 금지이다)
結果を<u>話し</u>合う. (결과를 서로 이야기한다)
まずいものを<u>食べ</u>過ぎる. (맛없는 것을 너무 먹는다 = 과식한다)
わかるまで<u>読み</u>続ける. (이해할 때까지 계속해서 읽는다)
24時間<u>働き</u>通す. (24시간 줄곳 일한다)
アイディアが<u>考え</u>付く. (아이디어가 생각난다)
パンを<u>食べ</u>切る. (빵을 다 먹다)
この内容を<u>書き</u>込む. (이 내용을 써넣다)
電車に<u>飛び</u>込む. (전차에 달려들다)
映画を<u>見</u>終えた. (영화를 보는 것을 마쳤다 = 다 봤다)
計画を<u>考え</u>始める. (계획을 생각하기 시작한다)
汚い字を<u>書き</u>直す. (더러운 글씨를 다시 쓴다)
文書を<u>書き</u>替える. (문서를 고쳐 쓴다)
スイッチを<u>切り</u>替える. (스위치를 전환한다)
機械を<u>使い</u>こなす. (기계를 잘 사용한다)

상당히 일본어에 능통한 사람들조차도 정확한 해석에 애를 먹는

* 時(とき), 思い出す(おもいだす), 走り出す(はしりだす), 持ち出す(もちだす), 禁止(きんし), 結果(けっか), 話し合う(はなしあう), 食べ過ぎる(たべすぎる), 読み続ける(よみつづける), 時間(じかん), 働く(はたらく), 通す(とおす), 考え付く(かんがえつく), 切る(きる), 内容(ないよう), 書き込む(かきこむ), 電車(でんしゃ), 飛び込む(とびこむ), 映画(えいが), 終える(おえる), 計劃(けいかく), 考え始める(かんがえはしめる), 汚い(きたない), 字(じ), 書き直す(かきなおす), 文書(ぶんしょ), 書き替える(かきかえる), 切り替える(きりかえる), 機械(きかい), 使い(つかい)

것이 이 복합용언이다. 복합용언에 사용되는 보조용언 중 많이 사용되는 것은 위의 예문에 거의 포함되어 있다. 이 부분에 집중적인 투자를 한 만큼, 후에 본격적인 독해시 가치를 느낄 것이다.

그러나 위에서 예를 들지 않은 「取り組む(다투다, 서로 맞붙다)」와 같은 경우에는 복합용언이 되면서 상당히 다른 의미로 바뀐다. 이렇게 의미가 바뀐 단어는 반드시 사전에 나오므로 미심쩍으면 즉시 찾아보기 바란다. 반면에 위에서 예를 든 것들은 사전을 찾아도 나오지 않을 것이며, 보조용언을 기억해야 원활한 독해가 가능하다.

연용형은 보조용언(出す, 付く, 直す, 込む 등)과
결합하여 복합용언을 만들기도 한다

동사의 연용형에 붙는 보조형용사는 그 수가 극히 적으면서도 사용빈도는 매우 높다.

字が分(わ)かり難(に)くい. (글씨가 이해하기 어렵다)
日本語は書きにくい. (일본어는 쓰기 어렵다)
この肉は食べ難(がた)い. (이 고기는 먹기 힘들다)
漢字が多いから読み易(や)すい. (한자가 많으므로 읽기 쉽다)
勉強もしやすい. (공부도 하기 쉽다)
書きづらい漢字 (쓰기 곤란한 한자)

Preview

分(わ)かる는 '이해하다', '알 수 있다' 등의 의미로서, 매우 많이 사용되는 동사 중의 하나이다. 이때 우리말의 목적어에 해당되는 단어에 を가 아니고 が가 붙는 점에 주의해야 한다. 한편, 혼동하기 쉬운 知る(しる)는 경험, 지식 등을 갖고 있어서 '알다'의 의미이다.

특수한 명사

동사의 연용형(ます형)은 「方(かた)」「物(もの)」 등과 결합하여 다음 예문과 같은 의미의 명사가 된다. 일반적으로 결합된 형태의 명사는 사전에 수록되어 있지 않으므로 주의를 요한다.

食べ方	(먹는 법)
教え方	(가르치는 법, 교수법)
見方	(보는 법, 견해)
書き方	(쓰는 법, 쓰기)
使い方	(사용법)

* 字(じ), 日本語(にほんご), 肉(にく), 漢字(かんじ), 多い(おおい), 読む(よむ), 勉強(べんきょう)

買い物	(물건사기, 쇼핑)
食べ物	(음식물)
着物(きもの)	(옷)
売り物	(팔 물건)

지금까지 연용형은 「ます형」만을 배웠으나, 이것이 변화한 형태인 「て형」 있다. 흔히 이를 음편형이라고 부르는데 발음을 편하게 하기 위하여 생긴 변형된 연용형이라 할 수 있다. 표에서 열거한 조동사, 조사 중에서 た, て, たり, たら가 붙을 때에는 바로 이 「て형」이 사용되나, 동사 기본형의 어미에 따라 세 부류로 모양이 달라지므로 상당히 번거로운 부분이기도 하다. 단지 어미가 す인 경우에만 「ます형」과 「て형」이 동일하다.

그러나 연용형의 음편과 관련된 사항은 5단동사에만 해당되며, 상하1단동사와 변격동사(する, 来る)에는 음편이 일어나지 않는다. 다음에 5단동사 기본형의 어미에 따라 「て형」 연용형이 변화하는 것을 보인다.

'て형'은 동사 기본형의 모양에 따라
세 가지(う·つ·る / く·ぐ / ぬ·ぶ·む)로 나뉘며
각각 변형을 달리 한다.

▶▶ 어미 「く・ぐ」

기본형의 어미 く, ぐ는 「い」로 변한다. 그러나 ぐ인 경우에는 た, て, たり, たら도 だ, で, だり, だら로 바뀐다. 咲(さ)く(피다), 書(か)く(쓰다), 泳(およ)ぐ(수영하다, 헤엄치다)를 예로 들겠다.

Preview

동사 「行く」는 유일한 예외로서 어미가 く임에도 다음 항목의 う,つ,る에 해당된다.

桜が咲いた. (벚꽃이 피었다)
木蓮が咲いて美しい. (목련이 피어서 아름답다)

---

* 桜(さくら), 咲く(さく), 木蓮(もくれん), 美しい(うつくしい), 字(じ), 書く(かく), 消す(けす), 全部(ぜんぶ), 今度(こんど), 見る(みる), 昨日(きのう), 海(うみ), 泳ぐ(およぐ), 気持ち(きもち), 彼(かれ), 体操(たいそう)

木蓮が咲いている. (목련이 피어 있다)
字を書いたり消したりする. (글씨를 쓰기도 하고 지우기도 한다)
全部書いたら, 今度はこれを見なさい. (전부 썼으면 이번에는 이것을 보세요)
昨日は海で泳いだ. (어제는 바다에서 수영하였다)
プールで泳いで気持ちがいい. (풀에서 수영해서 기분이 좋다)
彼はプールで泳いでいる. (그는 풀장에서 수영하고 있다)
海で泳いだりプールで泳いだりする. (바다에서 수영하기도 하고 풀장에서 수영하기도 한다)
泳いだら, 体操をしなさい. (수영하거든 체조를 하세요)

▶▶ 어미 「う・つ・る」

어미 う・つ・る가 촉음 「っ」로 바뀐다. 유일하게 「行(い)く」가 이와 동일한 형태를 취한다. 立(た)つ와 行く를 예로 들겠다.

難しさの中でもまた立った. (어려움 속에서도 다시 섰다)
今立って歩く. (지금 서서 걷는다)
当時に皆さんは立ったり行ったりした. (당시에 여러분은 서기도 하고 가기도 하였다)
突然実験室へ行った. (갑자기 실험실로 갔다)
そこに行って分析をする. (거기에 가서 분석을 한다)

---

* 難しさ(むずかしさ), 中(なか), 歩く(あるく), 当時(とうじ), 皆さん(みなさん), 突然(とつぜん), 実験室(じっけんしつ), 分析(ぶんせき)

Preview

방향이나 행선지를 나타낼 때 우리 말로 '…에' 대신에 '…로'로 표현할 수 있듯이 に(에) 대신에 へ(로)를 쓰기도 한다. 이때의 へ만큼은 え로 발음한다.

어미가 う와 る인 경우에도 동일하며 「習う」와 「帰る」를 예로 들어 보인다.

日本語は習った. (일본어는 배웠다)
皆さんは日本語を習っている最中である. (여러분은 일본어를 배우고 있는 한창이다)
夏休みには英語を習ったりする. (여름방학에는 영어를 배우거나 한다)
この本を全部習ったら実践練習をすること. (이 책을 전부 배우거든 실전연습을 할 것)
客はもう帰った. (손님은 이미 돌아갔다)
今日家に帰って休憩中である. (오늘 집에 돌아와서 휴식 중이다)
夜遅く帰ったりはしない. (밤 늦게 돌아오거나 하지 않는다)
家に帰ったら電話する. (집에 돌아가거든 전화하겠다)

* 日本語(にほんご), 習う(ならう), 皆さん(みなさん), 最中(さいちゅう), 夏休み(なつやすみ), 英語(えいご), 本(ほん), 全部(ぜんぶ), 実践練習(じっせんれんしゅう), 客(きゃく), 今日(きょう), 家(いえ), 休憩中(きゅうけいちゅう), 夜(よる), 遅い(おそい), 電話(でんわ)

▶▶ 어미「ぬ・ぶ・む」

어미가「ん」으로 변하게 되며 이에 붙는 た, て, たり, たら도 だ, で, だり, だら로 바뀐다. 단, ぬ로 끝나는 동사는「死(し)ぬ」하나밖에 없다. 呼(よ)ぶ를 예로 든다.

> 大きな声で呼ん<u>だ</u>. (큰 소리로 불렀다)
> 警察を呼ん<u>で</u>人工呼吸をした. (경찰을 부르고 인공호흡을 시작하였다)
> 酒を飲ん<u>だり</u>人を呼ん<u>だり</u>した. (술을 마시기도 하고 사람을 부르기도 하였다)
> 客を呼ん<u>だら</u>これを頼め. (손님을 부르거든 이것을 부탁해라)

▶▶ 어미「す」및 상・하1단동사, 변격동사

이미 언급하였듯이 5단동사 중 어미가 す로 끝나거나, 상・하1단동사, 변격동사(する, 来る)의 경우에는 음편이 일어나지 않는다(즉, て형이 따로 없으며 ます형에 て 등이 이어진다). す로 끝나는 5단동사로서「話す」, 하1단동사로서「始める」및「する」를 예로 들면,

> 貴重な結果を話し<u>た</u>. (귀중한 결과를 이야기하였다)
> サンプルの性質を話し<u>て</u>分析を始めた. (샘플의 성질을 이야기하고 분석을 시작하였다)

---

* 大きな(おおきな), 声(こえ), 警察(けいさつ), 人工(じんこう), 呼吸(こきゅう), 酒(さけ), 人(ひと), 客(きゃく), 頼む(たのむ)
* 貴重(きちょう), 結果(けっか), 話す(はなす)

いきなり昔話を話したり，歌い始めたりした．(느닷없이 옛날 이야기를 하기도 하고, 노래를 시작하기도 하였다)
実験を始めたら，安全装置をかける．(실험을 시작하였다면 안전장치를 건다)
動力を発生した．(동력을 발생하였다)
実験をしたり，分析をしたりする．(실험을 하기도 하고 분석을 하기도 한다)
実験をしたら，結果を分析する．(실험을 하거든 결과를 분석한다)

2.2.3 종지형에 붙는 조동사와 조사

하나의 문장을 마치는 데 사용되는 종지형은 이외에도 적당한 조동사나 조사를 붙여 다양한 표현을 하게 된다. 전항에서도 강조하였듯이 이러한 조동사나 조사는 제한된 수임에도 불구하고 대단히 중요한 역할을 하는 만큼 필히 기억해 두어야 한다. 종지형에 붙는 것을 정리해 본다.

☑ 사실상 기본형과 형태가 동일한 종지형과 연체형을 구분하면서 독해할 리도 없고, 때로는 구분이 모호한 경우도 있다. 따라서 편의상 종지형과 연체형을 2.2.3과 4항으로 구분은 해두었으나 엄밀한 문법적인 분석이 독해에 그다지 도움이 되지는 않을 것이다.

---

* 性質(せいしつ), 分析(ぶんせき), 始める(はじめる), 昔話(むかしばなし), 歌う(うたう), 実験(じっけん), 安全装置(あんぜんそうち), 動力(どうりょく), 発生(はっせい)

종지형과 연체형에 붙는 조동사, 조사

표 7 종지형에 붙는 조동사

そうだ	…(라)고 한다	말을 전함
らしい	…것 같다, …듯하다	추정
まい	…아닐 것이다 …지 않겠다	부정의 추측 혹은 의지
でしょう	…겠지요	공손한 단정
だろう	…일 것이다, …겠지	단정
なら	…다면, …려거든	가정, 조건

Preview

조동사 そうだ는 전항의 「ます형」에도 붙으면서 '…듯하다'의 의미로도 사용되어 상당히 혼동의 여지가 있는 만큼 문장독해에 주의를 요하나, 빈도상으로는 '…듯하다'로 사용되는 경우가 많다.

☑ まい는 5단인 경우에는 종지형, 그밖의 동사는 부정형에 붙게 되나 사용빈도는 그다지 많지 않다.

☑ そうだ는 형용동사, らしい는 형용사처럼 활용된다.

解析はまだ進行しているそうだ. (해석은 아직 진행되고 있다고 한다)
分析は失敗するらしい. (분석은 실패하는 듯하다)
難しい日本語の本は二度と読むまい. (어려운 일본어 책은 두 번 다시 읽지 않겠다 - 의지)
そこまで研究は進むまい. (거기까지 연구는 진행되지 않을 것이다 - 추측)
二十歳になったら, きれいになるでしょう. (이십세가 되거든 예뻐지겠지요)
あしたはまた図面を描くだろう. (내일은 다시 도면을 그릴 것이다)
新しく研究するなら, このテーマにしなさい. (새롭게 연구를 하려거든 이 테마로 하세요)

＊ 解析(かいせき), 進行(しんこう), 分析(ぶんせき), 失敗(しっぱい), 難しい(むずかしい), 日本語(にほんご), 本(ほん), 二度(にど), 読む(よむ), 研究(けんきゅう), 進む(すすむ), 二十歳(はたち, にじゅうさい), 図面(ずめん), 描く(えがく), 新しく(あたらしく), 細い(ほそい), 彼(かれ), 親切(しんせつ), 春(はる), 男(おとこ), 行動(こうどう), 実験室(じっけんしつ), 外(そと), 寒い(さむい), 子共(こども)

☑ 이러한 조동사 중 일부는 동사의 종지형뿐만 아니고, 비슷한 의미로 형용사나 형용동사 그리고 체언에도 붙을 수 있다. 몇 가지의 예를 든다.

これは細いそうだ. (이것은 가늘다고 한다)
彼は親切だそうだ. (그는 친절하다고 한다)
春にも寒いらしい. (봄에도 추운 듯하다)
それは男らしい行動ではない. (그것은 남자다운 행동이 아니다)
実験室はきれいでしょう. (실험실은 깨끗하겠지요)
外は寒いだろう. (밖은 추울 것이다)
子供ならおかしいだろう. (어린이라면 우스울 것이다)

Preview

1.5절의 형용사에서는 소개하지 않았으나, 형용사의 어미 い 대신에 かろう를 붙여 '일 것이다', '겠지'와 같은 활용이 가능하다(寒い→寒かろう). 그러나 위의 예 寒いだろう와 같이 형용사의 기본형에 그냥 だろう를 붙인 형태가 훨씬 많이 사용된다.

표 8 종지형에 붙는 조사

と	…하면	가정
から	…이니까 , …때문에	원인, 이유
けれども	…하지만, …하나	역접
が	…하지만, …하나	역접
し	…(하기도)하고, …인데다가	순접
か	…하든지, …할까, …하나	

다음 예문은 종지형에 조사가 사용된 문장을 보인 것이다.

結果が出る<u>と</u>すぐ整理する. (결과가 나오면 바로 정리한다)
雨が降る<u>から</u>このまま止まる. (비가 내리기 때문에 이대로 머무른다)
出発する<u>から</u>早く乗りなさい. (출발할테니까 빨리 타시오)
雨が降る<u>けれども</u>家に帰る. (비가 내리지만 집에 돌아간다)
本を読む<u>が</u>意味がわからない. (책을 읽으나 의미가 이해되지 않는다)
最善を尽くした<u>が</u>, 失敗で終わった. (최선을 다했으나, 실패로 끝났다)
実験は失敗する<u>し</u>, 研究費はない<u>し</u>, 困る状況である. (실험은 실패하고 연구비는 없고 곤란한 상황이다)
だから進める<u>か</u>やめる<u>か</u>決定が必要である. (그러므로 진행할까 그만둘까 결정이 필요하다)

Preview

- 이러한 조사는 다른 용언, 즉 형용사나 형용동사에도 사용될 수 있으며 그 의미는 거의 동일하다(寒いから家にいるよ. 추우니까 집에 있겠어요).
- 위의 조사들 중 と, から, が, か는 이미 배웠듯이 체언에도 붙을 수 있으나, 의미가 달라지는 수가 많으므로 주의가 필요하다. 복습하는 의미에서 몇 가지 예를 들어본다.

* 結果(けっか), 出る(でる), 整理(せいり), 雨(あめ), 降る(ふる), 止まる(とまる), 出発(しゅっぱつ), 早く(はやく), 乗り(のり), 雨(あめ), 降る(ふる), 家(いえ), 帰る(かえる), 本(ほん), 読む(よむ), 意味(いみ), 最善(さいぜん), 尽くす(つくす), 失敗(しっぱい), 終わった(おわった), 実験(じっけん), 研究費(けんきゅうひ), 困る(こまる), 状況(じょうきょう), 進める(すすめる), 決定(けってい), 必要(ひつよう)

新しい製品が研究から始まる. (새로운 제품이 연구로부터 시작된다)
溶接か接着剤で連結する. (용접이나 접착제로 연결한다)

2.2.4 연체형에 붙는 조동사와 조사

체언을 수식하는 것이 연체형(외형상 기본형, 종지형과 동일함)이라고 하였는데 역시 조동사와 조사가 이어져 다양한 표현이 가능해진다. 연체형에 붙는 조동사는 「ようだ」 뿐으로서 다음 예문과 같은 의미를 갖는다. 원래의 의미는 '…같다'이나, 직역하면 어색한 경우가 많으므로 상황에 맞추어 해석해야 한다.

研究の計画に対して討論しているようだ. (연구계획에 대해서 토론하고 있는 것 같다)
底まで行けるようだ. (바닥까지 갈 수 있을 것 같다)
簡単に読まれるような論文が意外に多い. (간단히 읽을 수 있을 것 같은 논문이 의외로 많다)
図で示すように結晶が成長する. (그림에서 보이는 것처럼 <= 보이는 바와 같이> 결정이 성장한다)

---

* 新しい(あたらしい), 製品(せいひん), 研究(けんきゅう), 始まる(はじまる), 容接(ようせつ), 接着剤(せっちゃくざい), 連結(れんけつ)
* 研究(けんきゅう), 計画(けいかく), 対する(たいする), 討論(とうろん), 底(そこ), 行ける(いける), 簡単(かんたん), 読める(よめる), 論文(ろんぶん), 意外(いがい), 多い(おおい), 図(ず), 示す(しめす), 結晶(けっしょう), 成長(せいちょう), 日本語(にほんご), 努力(どりょく), 十分(じゅうぶん), 説明(せつめい)

日本語の論文が読まれるように努力する. (일본어 논문을 읽을 수 있도록 노력한다)
十分にわかるように説明する. (충분히 이해하도록 설명한다)

- ようだ는 형용동사처럼 활용되며, 한자로 様だ로 쓰기도 한다.
- 行ける(← 行く), 読める(読む)와 같은 가능동사는 제4장에서 '가능의 표현'에서 상세히 설명한다.

Preview

- ようだ의 해석에는 특히 주의가 요구된다. 일반적으로 '…것같이(처럼)'로 하여 어색하면, '…하는 바와 같이'나 '…하도록'으로 번역한다.
- 子共のように(어린이처럼)과 같이 동사 이외에도 사용될 수 있다.

연체형에 붙는 조사는 다음 표와 같다.

표 9 연체형에 붙는 조사

の	것	
ので	…이므로, …때문에	이유, 원인
のに	…인데도, …함에도	
しか	…(수)밖에	
まで	…(때)까지	
ばかり	…뿐, …쯤, …만	
だけ	…뿐, …만	
ほど	…만큼, …정도, …수록	
くらり (ぐらり)	…만큼, …쯤	
か	…까?	의문
の	…지?, …니?	의문

이들 조사가 사용된 예를 들어 본다.

(1) 皆さんが今見ているのは日本語という. (여러분이 지금 보고 있는 것은 일본어라고 한다)
(2) 習うのになかなか時間がかかる. (배우는 데에 상당히 시간이 걸린다)
(3) けれども, 圧縮されているので, マスターするまで努力する. (그러나 압축되어 있기 때문에 마스터할 때까지 노력한다)
(4) 知っているのに知らない顔をしている. (알고 있음에도 모르는 얼굴을 하고 있다)
(5) この方法を使うしか解決策はない. (이 방법을 사용하는 것 이외에 해결책은 없다)
(6) 解決できるまで待つしかない. (해결할 수 있을 때까지 기다릴 수밖에 없다)
(7) つまり, ただ待つばかりである. (결국 단지 기다릴 뿐이다)
(8) 勉強するほど難しく感じられるのは当然なことだ. (공부할수록 어렵게 느껴지는 것은 당연한 일이다)
(9) しかしながら, この文章ぐらいわかれば, 充分である. (그러나 이 문장 정도 이해한다면 충분하다)
(10) また疑問点があるか. (또 의문점이 있는가?)
(11) 何を書いているの. (무엇을 쓰고 있지?)

---

* 皆さん(みなさん), 今(いま), 見る(みる), 習う(ならう), 時間(じかん), 圧縮(あっしゅく), 努力(どりょく), 知る(しる), 顔(かお), 方法(ほうほう), 使う(つかう), 解決策(かいけつさく), 待つ(まつ), 勉強(べんきょう), 難しい(むずかしい), 感じる(かんじる), 当然(とうぜん), 文章(ぶんしょう), 充分(じゅうぶん), 疑問点(ぎもんてん), 何(なに), 書く(かく)

☑ (3),(5),(6)예의 まで, しか는 각각 時와 こと가 생략되었다고 생각할 수 있다.

☑ 예문(2)와 (4)의 のに가 서로 달리 해석되는 것은 (2)의 경우에 に는 조사 '에'이고, (4)에서는 のに가 하나의 조사의 역할을 수행하기 때문이다. 전후상황으로부터 판단할 수밖에 없다.

2.3 기본형 찾기

이미 언급하였듯이 동사, 형용사, 형용동사 등과 같은 용언의 경우에는 기본형을 알아야만 사전을 활용할 수 있다. 여기서는 동사의 기본형을 찾는 방법을 설명하겠다. 물론 2.2절까지 충실하게 학습한 독자에게는 사족이 될 수도 있으므로 건너뛰어도 된다. 복습하는 의미로 받아들이면 좋을 것이다.

よく知っていると思う. (잘 알고 있으리라 생각한다)

知って의 知っ는 て형연용형으로, 촉음 っ가 붙은 것으로 보아 이러한 활용이 가능한 기본형으로는 知う, 知つ, 知る가 될 수 있을 것이다. 한자읽기사전으로부터 이들을 찾아보면, 바로 知る(알다)임을 알 수 있다.

* 知る(しる), 思う(おもう), 使う(つかう), 取引(とりひき), 結ぶ(むすぶ), 心筋梗塞(しんきんこうそく)

Preview

위의 문장의 「と思う」에서 조사 と는 지금까지 배운 '와'가 아니고, '…라고'의 의미를 갖게 되며, 역시 사용빈도는 대단히 높으므로 제4장에서 보다 상세히 설명하기로 한다.

エンドミルを使い, (엔드밀을 사용하여)

使い가 동사라는 것은 앞에 목적격조사 を가 있고, 다음에 콤마가 붙어 단문이 끝나는 점으로부터 쉽게 알 수 있다. 따라서 중문에 이어지는 동사의 활용은 바로 연용형이며, 이러한 연용형이 될 수 있는 동사 후보로는 使いる와 使う가 있다. 한자읽기사전을 통해서 使う(사용하다, 쓰다)가 정답임을 알 수 있다.

取引メーカーと結んで (거래 제조업체와 묶어)

여기서 結んで는 て형연용형이라는 것을 쉽게 알 수 있고, て가 で로 바뀐 점으로 보아 후보로는 結ぶ가 結む(ぬ로 끝나는 동사는 死ぬ 하나밖에 없음)가 있으며, 사전을 통해 結ぶ(묶다, 엮다)임을 알 수 있다.

心筋梗塞でたおれました. (심근경색으로 쓰러졌습니다)

당연히 たおれました가 동사이며, ました는 공손의 조동사 ます의 과거형이고 나머지 たおれ가 연용형(ます형)이다. 기본형은 たおれる(쓰러지다, 넘어지다)가 될 수밖에 없다.

激論をかわした直後に. (격론을 교환한 직후에)

を다음의 かわした가 동사가 될 것이며, 과거의 조동사 た를 제외한 나머지가 바로 て형연용형이다. 가능한 것으로는 かわす와 かわしる이나 일한사전을 통해 かわす(교환하다)임을 알 수 있다.

方向は決められている. (방향은 정해져 있다)

동사는 決められて로서 て형연용형임을 알 수 있고 기본형은 決められる이다. 그러나 られる는 상하1단에 붙어 수동을 나타내는 소동사이며, 따라서 決める(결정하다)가 원래의 기본형이다.

다음에는 몇몇 예를 도식을 사용해서 표현하였다.

いわれる → いう＋れる
↳ いう(말하다)의 수동
よれば → よる＋ば
↳ よる(의하다)의 가정
見られました → 見られる＋ました
↳ 見る＋られる→見る(보다)의 수동・공손・과거

* 見る(みる), 満たす(みたす), 行う(おこなう), 耐える(たえる)

満たされない → 満たされる＋ない
↳ 満たす＋れる → 満たす(채우다)의 수동・부정
行えます → 行える＋ます
↳ 行う(행하다)의 가능・공손 (4장에서 다룸)
耐えられた → 耐えられる＋た
↳ 耐える＋られる → 耐える(견디다)의 수동・과거
しれない → しれる＋ない
↳ しる(알다)의 가능・부정

연습문제

※ 그 동안 연마한 실력을 발휘해 보기로 한다. 다음의 지문을 읽고 해석해 보자(관련되는 사항은 주석에 설명해 두었으니 참고하기 바라며 해석은 뒤에 있으나, 잘 이해가 되지 않는 부분은 그냥 넘어가고 4장을 학습한 후에 다시 보기 바람).

1. 昨年四月に全面開放されたVAN(付加価値通信網) 事業には二百社を超える企業が[1]乗り出し，業者間の[2]争いは激化しています．その一方でユーザー側はVANを[3]いかに自社の業務に生かすかを真剣に考え始めました．

1. 직역하면 '타기 시작하다'이나, 적당히 의역하여 '착수하다' 등으로 바꾼다. 특히 복합동사에 이러한 의역이 필요한 경우가 많다.
2. 동사의 연용형이 명사화가 된다고 설명하였으며, 争い(다툼, 경쟁)의 기본형은 争う(다투다, 경쟁하다)이다.
3. '여하히, 어떻게'의 의미이며, 한자로 如何に로 쓰기도 한다. ✪

そして，すでにうまくVANを活用しているケースもあります．四月から[1]問屋主導でVANサービスをめざすコアネットインターナショナル(本社東京，社長種村良平氏）が動き始めました．株主の一つ，東京堂（本社東京）が[2]取引メーカーと結んで実施するオンライン受発注をコアネットが請け負います．

2. 実は，[3]これらの研究は重要な意味を[4]もっているのです．後で述べますように，心筋梗塞も脳梗塞も血管内で血が固まっておこるのですが，梗塞の発生は精神の不安定時，興奮時に密接な関係があります．
先にも述べましたように，大平[5]元首相は選挙運動のさなかに心筋梗塞でたおれました．田中角栄元首相は，竹下登氏が創政会の旗揚げをするという件で竹下氏と激論をかわした直後に，脳梗塞になったのです．

3. 絶対的純粋[6]とは理想であって，それに近づくことは可能でも到達はできない．基本金属中の異人種はそれが少なくなるほど除去

---

1. 도매상, 도매점
2. 거래 ✪
3. これ(이것)에 복수의 접미사 ら를 붙인 것으로 「이것들의」로 해석하여도 좋으나, 보다 자연스럽게는 「이들, 이러한」 정도로 한다.
4. 기본형은 持(も)つ이며, 한자 대신에 가나로도 많이 표기한다. 의미는 「가지다, 갖다」이다.
5. 일본어에서는 「元首相」와 「前首相」을 구분한다. 이전에 수상을 한 적이 있는 사람은 「元首相」, 직전에 한 사람은 「前首相」이다. 수상뿐만이 아니고 다른 경우에도 마찬가지이다.
6. 많이 사용되는 조사로 「…이란」의 의미이다.

も困難になって[1]くる. [2]さらに純度が高くなってくるとその純度を保つのが[3]なお困難になってくる.

この点[4]についてドイツの物理学者ヴェルナー·ハイゼンベルグは面白い一例を述べた. 彼が質量分析計を使って実験中, [5]そんなはずはないのに計器の中で金の原子が検出された. 彼が自分の金縁限鏡を外してしまうと, すぐに金の発生はなくなった. このようにしてほんのすこしのことが汚染の原因となる.

4. 以上の実験事実をもとに, アンペールは[6]個々の永久磁石は天然のソレノイドー, それは磁石の各分子内部を流れる円形電流が[7]収束したような[8]ものひとつであると推論した.

[9]すなわち, 磁気を何か特別の自然力などではなくて, 単に電流作用の結果のひとつとして説明したのである. すべて物体の磁気は, その物質の基本粒子内部の円形電流によって生ずる. 円形電流は常に存在するが, 物質中で電流の軸が無秩序に各方向に分布しているとき, 磁性は全く表れない.

---

1. 보조동사로서의 くる를 '오다'로 직역하면 어색한 경우가 많다. 위의 예에서도 직역하면 '곤란하게 되어 온다'가 되는데, '곤란해진다'와 같이 '…해지다'로 해석하면 자연스럽다.
2. 더욱이, 게다가 ✪
3. 또한 ✪
4. 에 대하여 ✪
5. そんなは 형용동사로서 '그러한', はずは '(당연히) …일 것'
6. 個々에서 々는 같은 한자가 반복되는 경우에 사용한다. 가나의 반복에는 사용되지 않는다.
7. 수렴(converge) ✪
8. '물건, 물체, 사물'의 의미로 사용될 때에는 주로 物로 쓰며, '것'의 의미로 사용될 때는 그냥 가나로 표기하는 경향임. '사람, 자'의 의미로도 사용되나 이 경우에는 한자 者를 사용함. ✪
9. '즉', すなわち로 쓰기도 함. ✪

5. とびとびなのは，物質やエネルギーばかりではない．原子は[1]コマのように自転的な角運動量をもっており，その大きさはもちろん，自転軸の方向もとびとびなのである．上下と横との三方向とか，さらにその中間も許されて五方向とか，とにかく任意の方向に自転できるのではなく，神の摂理，いや自然界の摂理によって許された方向は決められているのである．
なぜ方向に枠組みがあるのか，好きな方向に向けばいいではないかと抗議してもどう[2]しようもない．自然界とはそういう[3]存在なのである．同じように原子は，小さな棒磁石としての機能を持っている．

6. 昔は脳卒中のことを中気といい，体の半分が麻痺する老人がよく見られました．私たちの体は右脳が体の左半分を，左脳が体の右半分を支配しているので，脳の一方に出血が起こると，半身の機能が麻痺してしまいます．
その[4]場合，右半身が麻痺しているときには言語が障害される，[5]つまり失語症になりますが，左半身が麻痺しているときは失語症にならないことが多い[6]のです．これは，一九世紀半ばにフランスの

1. '(동화상의) 프레임'의 의미이나, 동화상이 실제로는 1초당 여러 개의 불연속적인 프레임으로 구성되었듯이, コマのようには '불연속적으로'으로 해석.
2. 2.2절에서 동사 연용형으로 특수한 명사를 만들 수 있다고 하였는데, 여기에서는 よう(用)가 동사 する의 연용형 し에 붙어 '하는 수', '하는 방법'이 된다.
3. 강조의 표현이다. 그냥 存在である(존재이다)라고 할 수도 있으나, 강조하여 '존재인 것이다'라고 표현한 것이 바로 위의 예문이다.
4. 경우 ✪
5. '즉', '결국' ✪
6. 일반적으로 '많습니다'는 多いです라고 하면 되나 多いのです와 같이 중간에 の를 삽입하면 다소 강조의 의미를 띠어 '많은 것입니다' 정도의 뉘앙스를 풍기게 된다.

神経学者ブローカによって見出された言語中枢が，九五パーセントぐらいの人では左脳にあるからです．

7. 私達のまわりには，必ず空気や水，それに大地がある．このうち空気と水がなければ私達は生きていくことができない．大地もなければ大変に困る．科学技術[1]の進歩した今日では，海や空中で一生大地に[2]ふれることなく生きていくことはできるだろう．だがその生活はおそらく非常に奇妙な，なにか満たされない思いがいつもつきまとうに違いない． それで， 空気と水，大地を人間，もっと一般には生物が生きていくためのもっとも重要な三要素とみなすことができる．

8. 水分子は第二章で[3]のべるように，分子の中で正の電荷と負の電荷が分かれているために双極子能率をもっている(双極子能率は正負両電荷の距離に電荷の値をかけた値に等しい)．このような分子を有極性分子という．有極性分子の間には双極子による引力が[4]働く．短い棒の両端にそれぞれ正の電気と負の電気を帯びている物質を双極子と呼ぶ．この正負の電気の絶対値は等しいので双極子は全体として，電気的に中性である．

---

1. 이때의 の는 が로 쓸 수도 있으나, 위의 예제와 같이 단문이 형용사절로 사용되면 이때의 주격조사는 の로 쓰는 경향이다. 해석은 물론 '의'가 아니고 '이(가)'로 한다.
2. 직역하면 '접촉하는 일 없이'이나 '접촉하지 않고'로 의역한 것이다.
3. '언급하다, 진술하다' 등의 의미이나, 이 문장에서는 앞의 조사 で와 어우러져 혼동하기 쉽다. 즉, での를 조사로 생각하여 '…에서의'로 해석하고 べる를 사전에서 찾으려고 시도하면 도저히 의미가 통하지 않을 것이다.
4. 한국에서는 사용하지 않는 한자로서 '작용하다', '일하다'. ✪

9. 時間遅延用に使用する場合に, 時間の設定は一個の抵抗と, 一個のコンデンサーで正確に[1]行ないます. 発振器としても安定な動作を行ない, フリー·ランニング(自走型 = 1連続信号発生型)発振器の周波数と, デューティ·サイクル(一サイクル[2]における出力が発生する期間の[3]割合)は. 二個の外付け抵抗と一個のコンデンサーにより, 正確に設定することができます. なお出力部は最大0.2Aの電流容量を持ち, 小型のリレーなどを負荷として直結可能です. また発振周波数は, 最高200kHzに至ります.

10. 光は電磁波の一種であり, ふつうの電波は電流が激しく変化することによって発生する. [4]同様に原子の中では, 広い空間をまわっている電子が光(電磁波)を出すことになる. また物体に光が当たると光は吸収されるが, 光を吸い込むのも電子である.
光の放出や吸収は, 電子がおこなっていることが[5]さまざまな事柄から確かめられていた. その複雑な「[6]しくみ」を「電子と光子との相互作用」とよび. その後長い[7]あいだ, 物理学の主要な研究課題になるのだ. 日本の朝永振一郎博士や, その他[8]多くの人たちが量子力学を用いてこれを理論的に調べていくが, その詳細な解明は三○年も後の一九四○年代になるのである.

---

1. 기본형은 行なう(행하다, 하다)로서 사용빈도가 매우 높으며, おこなう, 行う로 쓰기도 함. ✪
2. '에 있어서'로 흔히 해석하나, '에 있어서' (있기는 무엇이 있는가?)라는 표현은 원래 한국어에는 없다! 따라서 가능하면 그냥 '에서' 등으로 해석한다.
3. 비율 ✪
4. 마찬가지로 ✪
5. '여러 가지의', '다양한' 등의 의미이며, 様々な로 한자로 쓰기도 한다. ✪
6. '구조', '조립'. 仕組み로 쓰기도 한다. ✪
7. '기간'. 間으로 쓰기도 한다. ✪
8. 간혹 형용사의 부사형이 명사화되는 경우가 있다. 다른 예로 近くの人는 근처의 사람이 된다.

11. ある物質が超電導になっているか[1]どうかを確かめる場合に，マイスナー効果を測定してみることは非常に大切である．その物質の電気抵抗を測ってゼロになっただけでは，物質全体が超電導になっているとは[2]必ずしもいえないからだ．[3]というのは，セラミックスのように焼き固めて作った物質の場合には，[4]ごく一部分だけが超電導になっているが，大部分は超電導ではないということがしばしばある．このような物質[5]でも電気を流すと，電流はその一部分だけを通ってよく流れるので，[6]見かけ上は電気抵抗ゼロと測定されるのである．

12. 金属のように電気をよく通す物質を「導体」と呼んでいるが，この導体の中を電流が流れる現象をミクロに見た場合，導体の中の無数の電子（伝導電子，つまり自由電子）が電圧に引かれて動くことだと考えることができる．
マイナスの電荷をもった一個一個の電子が，導体を形づくる結晶の格子の間を移動することで電流が流れるのだ．ここで格子[7]とは，原子が秩序正しく，まるで格子戸のような形で立体的に並んでいる構造のことで，[8]いわば原子のジャングルジムのようなものだと考えればよい．

---

1. 일본어에서는 '있는지 없는지'의 표현보다도 '있는지 어떤지'의 표현을 보다 많이 쓰는 것 같다.
2. '반드시'는 必ず이나, '반드시…는 아니다'의 부정에는 必ずしも을 사용한다.
3. 이러한 유의 접속사적인 표현이 많이 사용된다. 앞의 문장 전체를 받아 '…라고 하는 것은'이나, 여기에서 '앞의 문장 = 이러한 것'이므로 예제와 같이 해석하는 것이 자연스럽다.
4. '극히' ✪
5. 해석시 가장 잘 틀리는 조사이다. '에서도', '(으)로도', '이라도', '조차도' 등으로 해석할 수 있으므로 가장 적합한 의미를 취하도록 한다. ✪
6. '외관', 見掛け로 쓰기도 한다. ✪
7. とは는 というのは를 줄였다고 생각할 수 있고 '…(이)란'으로 번역
8. '이른바', '소위'

■ 해 석

1. 작년 4월에 전면개방된 VAN(부가가치통신망) 사업에는 200사를 넘는 기업이 착수하여, 업자 사이의 다툼은 격화하고 있습니다. 그 한편으로 사용자측은 VAN을 어떻게 자사의 업무에 살리는가를 진지하게 생각하기 시작하였습니다.
그리고 이미 훌륭히 VAN을 활용하고 있는 경우도 있습니다. 4월부터 도매상 주도로 VAN 서비스를 목표로 하는 코아네트인터내셔널(본사동경, 사장種村良平씨)가 움직이기 시작하였습니다. 주주의 하나인 동경당(본사 동경)이 거래 제조업체와 연계하여 실시하는 온라인으로 받는 발주를 코어네트가 하청받습니다.

2. 사실은 이들 연구는 중요한 의미를 갖고 있는 것입니다. 후에 진술하는 것처럼(=바와 같이), 심근경색도 뇌경색도 혈관 내에서 피가 굳어져 일어나는 것이지만, 경색의 발생은 정신의 불안정시, 흥분시에 밀접한 관계가 있습니다.
먼저도 말한 것처럼 大平 전수상은 선거운동의 한창에 심근경색으로 쓰러졌습니다. 田中 전수상은 竹下씨가 창정회의 시작(깃발올림)을 한다는 건으로 竹下씨와 격론을 주고 받은 직후에 뇌경색이 된 것입니다.

3. 절대적으로 순수함이란 이상이고, 그것에 접근하는 것은 가능하더라도 도달할 수는 없다. 기본금속 중의 이물질은 그것이 적어질수록 제거도 곤란해진다. 더욱이 순도가 높아지면 그 순도를 유지하는 것이 또한 곤란하게 된다.
이 점에 대해서 독일의 물리학자 뵈르나하이젠베르그는 재미있는 일례를 진술하였다. 그가 질량분석계를 써서 실험하던 중 그럴 리는 없는데도 계기 속에 금의 원자가 검출되었다. 그가 자신의 금테안경를 벗어 버리자, 바로 금의 발생은 없어졌다. 이와 같이 하여 아주

소량의 것이 오염의 원인이 된다.

4. 이상의 실험사실을 바탕으로, 암페어는 개개의 영구자석은 천연의 솔레노이드, 그것은 자석의 각 분자내부를 흐르는 원형전류가 수렴한 것 같은 물체의 하나라고 추론하였다.
즉, 자기를 무엇인가 특별한 자연력 등이 아니고, 단지 전류작용에 의한 결과의 하나로서 설명한 것이다. 모든 물체의 자기는 그 물질의 기본입자 내부의 원형전류에 의해서 생긴다. 원형전류는 항상 존재하지만 물질 속에서 전류의 축이 무질서하게 각 방향에 분포하고 있을 때 자성은 전혀 나타나지 않는다.

5. 제멋대로 흩어져 있는 것은 물질이나 에너지만이 아니다. 원자는 팽이처럼 자전적인 각운동량을 갖고 있고, 그 크기는 물론 자전축의 방향도 제멋대로 흩어져 있다. 상하와 옆의 3방향이라든가, 더욱이 그 중간도 허용되어 5방향이라든가, 어쨌든 임의의 방향으로 자전할 수 있는 것은 아니고, 신의 섭리 아니 자연계의 섭리에 의해서 허용된 방향은 정해져 있는 것이다.
왜 방향에 틀이 있는 것인가, 좋아하는 방향을 향하면 좋지 않은가라고 항의하더라도 어떻게 할 수도 없다. 자연계란 그러한 존재인 것이다. 마찬가지로 원자는 작은 막대자석으로서의 기능을 가지고 있다.

6. 옛날에는 뇌졸중이라는 것을 중풍이라고 하여, 몸의 절반이 마비되는 노인을 종종 볼 수 있었습니다. 우리들의 몸은 우뇌가 몸의 왼쪽 반을, 좌뇌가 몸의 오른쪽 반을 지배하고 있기 때문에, 뇌의 한쪽에 출혈이 일어나면, 반신의 기능이 마비해 버립니다.
그 경우 우반신이 마비되고 있을 때에는 언어가 장해되는, 즉 실어증이 되지만, 좌반신이 마비되고 있을 때는 실어증이 되지 않은 수가 많습니다. 이것은 19세기 중반에 프랑스의 신경학자 브로커에 의해서 발견된 언어중추가 95% 정도의 사람에게는 좌뇌에 있기 때문입니다.

7. 우리들의 주위에는 반드시 공기와 물 그리고 대지가 있다. 이 중 공기와 물이 없으면 우리들은 살아갈 수 없다. 대지도 없으면 대단히 난처하다. 과학기술이 진보한 오늘날에는 바다나 공중에서 평생 대지에 접촉하지 않고 살아가는 것은 가능할 것이다.
그러나 그 생활은 아마 대단히 기묘한, 무엇인가 만족되지 않는 생각이 언제나 따라다닐 것임에 틀림없다. 그래서 공기와 물, 대지를 인간, 보다 일반적으로는 생물이 살아가기 위한 가장 중요한 3요소라고 간주할 수 있다.

8. 물분자는 제2장에서 진술하는 바와 같이, 분자 속에서 양의 전하와 음의 전하가 나뉘어져 있기 때문에 쌍극자능률을 갖고 있다(쌍극자능률은 양음 양전하의 거리에 전하의 값을 곱한 값과 같다). 이러한 분자를 有極性分子라고 한다. 유극성분자의 사이에는 쌍극자에 의한 인력이 작용한다.
짧은 막대의 양단에 각각 양의 전기와 음의 전기를 띠고 있는 물질을 쌍극자라고 부른다. 이 양음의 전기의 절대치는 같으므로 쌍극자는 전체로서 전기적으로 중성이다.

9. 시간지연용에 사용하는 경우에 시간의 설정은 하나의 저항과 하나의 콘덴서(condenser)로 정확히 행할 수 있습니다. 발진기로서도 안정된 동작을 하며, free running(자주형 = 1연속신호발생형) 발진기의 주파수와 duty cycle(1cycle에서 출력이 발생하는 기간의 비율)은 두 개의 외부부착 저항과 한 개의 콘덴서에 의해 정확히 설정할 수가 있습니다. 또 출력부는 최대 0.2 A의 전류용량을 가지고, 소형의 릴레이(relay)등을 부하로서 직결가능합니다. 또한 발진주파수는 최고 200 kHz에 이릅니다.

10. 빛은 전자파의 일종이며 보통의 전파는 전류가 격렬하게 변화함으로써 발생한다. 마찬가지로 원자의 내부에서는 넓은 공간을 돌고 있는 전자가 빛(전자파)을 내게 된다. 또한 물체에 빛이 닿으면 빛은 흡수되지만, 빛을 빨아들이는 것도 전자이다.
빛의 방출이나 흡수는 전자가 행하는 것이 여러 가지의 사실로부터 확인되고 있었다. 그 복잡한 구조를 '전자와 광자와의 상호작용'이라고 부르고, 그 후 오랜 기간동안 물리학의 주요한 연구과제가 되었던 것이다. 일본의 朝永振一郎 박사나 기타 많은 사람들이 양자역학을 이용하여 이를 이론적으로 조사해 가지만, 그 상세한 해명은 30년이나 지난 1940년대가 되는 것이다.

11. 어떤 물질이 초전도로 되어 있는지 어떤지를 확인하는 경우에 마이스너 효과를 측정하여 보는 것은 대단히 중요하다. 그 물질의 전기저항을 재어 0이 된 것만으로는 물질 전체가 초전도로 되어 있다고는 반드시 말할 수 없기 때문이다. 이러한 것은 세라믹과 같이 소결시켜 만든 물질의 경우에는 극히 일부분만이 초전도로 되어 있지만, 대부분은 초전도가 아니라는 사실이 이따금 있다. 이러한 물질이라도 전기를 흘리면, 전류는 그 일부분만을 통하여 잘 흐르기 때문에 외관상으로는 전기저항이 0으로 측정되는 것이다.

12. 금속과 같이 전기를 잘 통과시키는 물질을 '도체' 라고 부르고 있지만, 이 도체의 내부에 전류가 흐르는 현상을 미시적으로 본 경우, 도체 중의 무수한 전자(전도전자, 즉 자유전자)가 전압에 끌려 움직이는 것이라고 생각할 수 있다.
음의 전하를 갖는 하나하나의 전자가 도체를 형성하는 결정의 격자 사이를 이동하는 것으로 전류가 흐르는 것이다. 여기서 격자란 원자가 질서 바르게 마치 격자문과 같은 형으로 입체적으로 나란히 있는 구조의 것으로, 말하자면 원자의 정글짐(jungle gym) 같은 것이라고 생각하면 좋다.

3 외래어 읽기

제1장의 외래어 읽기 입문에서도 소개하였듯이 이공계 서적이나 논문에서 전문용어를 표현하는 데 가타카나의 표기가 늘고 있는 추세라는 점을 강조하였다. 그럼에도 사전에 그러한 단어가 수록되지 않는 경우가 빈번하므로, 원활한 독해를 위해서는 가타카나로부터 원래의 단어를 유추해내야 하는 능력이 요구된다. 그러면 실전적인 예제를 중심으로 하여 외래어를 일본어로 어떻게 표기하는지 살펴보기로 한다.

다음의 예제를 중심으로 하여 설명을 전개해 나가기로 한다.

Optical flat : (옵티컬 플랫) オプティカルフラット

먼저 그대로 한번 가나를 읽어보면 "오푸테이카루 푸(후)랏토"(?)로서 마치 암호처럼 보인다.

1) 영어에서 자음만으로 발음되거나 한글의 받침에 해당되는 경우 일본어에서는 「う段」으로 표현된다.

☑ 실제로 「う段」의 발음은 우리말의 '우'와 '으'의 중간 정도이다.

예제 Optical flat에서 밑줄친 p, l, f가 이에 해당된다. 이들을 pu, lu, fu로 발음하고 이에 대응되는 가타카나가 각각 プ, ル, フ이다. 따라서 「う段」의 가나가 나타나면 일단 받침으로 놓고 생각해 보면 원래의 단어를 연상해내기 쉽다.

위의 표준예제의 경우에는 한글 표기의 「오푸테이카루 푸랏토」에서 이 중 '우'에 해당되는 부분을 받침으로 처리하거나 모음 '으'로 처리하면 「옵테이칼 프랏토」가 되는 것을 알 수 있을 것이다.

ブラック	black
コイル	coil
クリプトン	krypton

그러나 다음과 같은 예외도 있다. 주로 x를 표기하는 경우에 많이 나타난다.

エキスパンション	expansion
フレキシブル	flexible
ブレーキ	brake

2) 예외로서 t와 d의 경우에는 to와 do로, 즉 「お段」으로 표기한다.

왜냐하면 속표지에 있는 오십음표를 보면 알겠지만 tu와 du에 해당되는 가나는 ツ와 ヅ이나 이들의 실제 발음은 tsu와 zu이기 때문이다. 따라서 원래의 자음의 발음을 유지하면서 가장 가까운 모음 o를 사용하여 to와 do, 즉 ト와 ド로 표기하는 경향이다.

표준예제의 마지막 t가 이에 의한다. 이로써 「프랏토」가 「프랏」이라는 것을 알 수 있다.

ドリル	drill
サンドイッチ	sandwich
トラック	truck
ツイン	twin
ツアー	tour

☑ 드물기는 하나 ッ로 표기하기도 한다.

3) ti와 di의 가나표기는 ティ와 ディ가 많으나 チ와 ヂ(ジ)로 표기하는 경우도 있다.

チ와 ヂ(ジ)의 실제 발음은 chi와 zi로서, 확실하게 ti와 di발음을 표현하는 방법이 ティ와 ディ이다. 여기에서 ィ를 작게 쓰게 되는데,

외래어를 표현하기 위한 궁여지책이라고 생각된다.

표준예제의 ti를 ティ로 표기한 것이 바로 이 때문이다. 그러므로 이를 '테이'라고 읽으면 잘못으로 '티'로 읽어야 하며, 표준예제의 「옵테이칼」은 「옵티칼」임을 알 수 있다.

ディーゼル	diesel	디젤
ディジタル	digital	디지털
ヒーティング	heating	히팅
インジケーター	indicator	인디케이터

☑ 1.3절에서도 소개하였듯이 장음의 표현에는 ー을 사용하고 ng는 ング으로 표기한다.

4) '어'에 해당되는 일어발음은 없으므로 '아'로 표기한다.

표준예제의 cal은 우리발음으로 컬이나 일본어로는 칼로 발음하게 된다. 그러므로 '아' 발음이 나타나면 일단 '어'의 표기를 위해서 사용된 것은 아닌가 생각해 보아야 한다. 따라서 표준예제의 「옵티칼」은 최종적으로 「옵티컬」이 된다.

ダクト	duct	덕트
ドラム	drum	드럼
モニタ	monitor	모니터
タービン	turbine	터빈

5) '애'에 해당되는 발음도 없으므로 가장 가까운 발음인 '아' 또는 '야', 드물게는 '에'로 표기한다.

flat의 a는 '애'로 발음되나 이를 '아'로 표기한 것이다. 따라서 역시 '아' 발음이 나타나면 한편 '애'의 표기를 위해서 사용된 것은 아닌가 생각해 본다. 이 규칙으로부터 「프랏」은 「프랫」임을 알 수 있을 것이다.

パネル	pannel	패널
タンク	tank	탱크
パスワード	password	패스워드
バンド	band	밴드
ダンピング	damping	댐핑
キャビテーション	cavitation	캐비테이션
キャップ	cap	캡
スペン	span	스팬

6) flat 의 t 와 같이 마지막에 「단모음 + 자음」이면 그 앞에 촉음 ッ를 붙이는 경향이다.

여기에서 단모음이란 발음기호상으로 장모음이나 이중모음, 복모음이 아닌 것을 의미한다.

ドリップ	drip
ステップ	step
スイッチ	switch

カット	cut
ユニット	unit
ヘッド	head

7) 한국어와 마찬가지로 l과 r의 구분이 되지 않는다.

그러므로 l이건 r이건 동일하게 표현할 수밖에 없다. 한국어에서는 그나마 l이 중간에 오면 바로 앞의 음절에 받침으로 ㄹ을 추가(예를 들면, glide를 글라이드로 gride는 그라이드로 표기)함으로써 r과 식별을 할 수 있으나 일본어에서는 이것이 쉽지 않다.

예제의 フラット는 이제 「플랫(flat)」임을 알 수 있을 것이다. 물론 flat은 frat이라는 단어와 동일하게 표기할 수밖에 없다.

スライド	slide
アルミナゲル	aluminagel

8) 일본어에서 유일하게 f발음을 표현할 수 있는 가나는 フ이다.

오십음표를 보면 알겠지만 フ는 hu와 fu의 중간발음으로서 양쪽 모두 표기할 수 있다. 따라서 이 가나가 나타나면 전후상황으로 판단을 해야 한다. 표준예제에서 flat의 f는 당연히 フ로 표기한 것이다.

☑ 마찬가지로 hlat이라는 단어가 있다면 표기법은 같을 수밖에 없다.

모처럼 f발음을 표기할 수 있는 フ가 있는데, 발음수가 부족한 일본어에서 이를 이 목적에만 사용할 수는 없는 노릇이다. 따라서 다음과 같은 표현에 유용하게 사용한다.

ファン	fan	팬
フィン	fin	핀
フェンス	fence	펜스
フォーク	fork	포크
ディフューザ	diffuser	디퓨저

- ファン의 경우 실제 일어발음은 [fuan]이 아니고 [fan]으로 발음된다.

- 참고로 한글에서도 외래어 표기시 쉽지 않은 것이 바로 이 f의 표기법인데 외래어 표기법에 의하면 ㅍ으로 대응시키는 것으로 되어 있다. fan을 홴 등으로 쓰지말 것을 권장한다.

9) 영어에서 th는 [θ]와 [ð]로 발음되며, 전자는 s로 후자는 z로 표기하는 경우가 많으나 예외도 적지 않다.

サーモグラフィ	thermography
サーミスター	thermistor
アルゴリズム	algorithm
ゴッドファザ	God Father
チアミン	thiamine
トリウム	thorium

10) v의 발음은 없으므로 b와 동일하게 표기한다.

ヴェルナ(Werner)와 같이 간혹 ヴ을 보게 되는데, v 발음을 굳이 오십음표에도 없는 가타카나로 표기한 경우이다. ヴ는 vu 정도가 되나, 어디까지나 원칙은 ブ이다.

ベクトル	vector
ベーンモーター	vane motor
ベンチュリ	Venturi
ボルテックス	vortex

11) -sion, -tion은 ション(ジョン)으로, sh는 シュ로 표기한다.

トーション	torsion
コロージョン	corrosion
アクション	action
モーション	motion
ブラッシュ	brush
プッシュ	push

12) [ei]의 영어발음은 [e:]로 표기한다.

レート	rate
プレート	plate
リレー	relay

이상과 같이 예제를 중심으로 일반적인 규칙에 대해서 검토해 보았으며, 연습문제에서는 보다 많은 내용을 취급하기로 한다. 대부분의 경우에는 지금까지 제시한 규칙에 의해 해결이 될 수 있을 것이나, 예외적인 상황도 적지 않으므로 충분한 훈련을 쌓아야 한다.

예외적인 경우는 영어발음이 아니고 다른 유럽어일 가능성이 높다. 한국어에서는 외래어 하면 주로 영어발음을 생각하게 되며 이것이 옳다고 생각하기 쉬우나 단어의 어원을 따져보면, 그것도 전문학술용어인 경우 영어가 어원이 되는 경우는 오히려 드물지 않을까라는 생각이 든다. 다음과 같은 단어가 이에 해당되며 영어발음이 아닌 다른 유럽어의 발음에 의해서 표기된 예들이다.

エネルギ(ー)	energy	에너지
コップ	cup	컵
コーヒー	coffee	커피
カオス	chaos	카오스
ヨーロッパ	Europe	유럽
ギリシア	Greece	그리스

연습문제

1. 다음 표의 가타카나를 읽는 연습을 한다. 표의 오른쪽을 가린 상태로 영어단어를 연상하는 실력을 함양하기 바란다.

アスペクト	aspect	
プラスチック	plastics	ti를 チ로 표기한 경우
バリアブルハンガ	variable hanger	발음이 아니고 철자대로 표기한 경우
ガスメータ	gas meter	
サイトグラス	sight glass	
アベイラビリティ	availability	
レジューサ	reducer	'듀'를 ジュ로 표기(デュ로 하는 경우도 있음)
ダンピング	damping	
オーディトリウム	auditorium	
スプリングクラ	sprinkler	
フォーミング	forming	
クオリテイ	quality	qua의 표기법이다
ビルメンテナンス	building maintenance	building을 ビル로 줄임
リジッドハンガ	rigid hanger	
エアフィルタ	air filter	
ポリエチレン	polyethylene	thy를 チ로 표기
ソリッドコーン	solid cone	
チャンバ	chamber	

コンディショニング	conditioning	
トンネル	tunnel	nn을 전부 표기
パッケージユニット	package unit	
プレハブ	prefabrication	줄여 쓴 경우
オーバロード	overload	
チューブプレート	tube plate	'튜'를 チュ로 표기(テュ로 하는 경우도 있음)
ラッピドスタート	rapid start	
エゼクタ	ejector	
グラディエント	gradient	
スレッド	thread	
ニュートンラプソン	Newton-Raphson	
ダイヤフラム	diaphragm	
ダイオキシン	dioxine	
シェルタ	shelter	
データローガ	data logger	
グラフイックパネル	graphic pannel	
フラッシュバルブ	flush valve	
スクレーパ	scraper	
デューセル	dew cell	'듀'를 デュ로 표기
エンタルピー	ehthalpy	
ラジアン	radian	
ルーツブロワ	roots blower	
マグネシウム	magnesium	
キャピラリー	capillary	

Chapter 3

キャラクタ	character	
パソコン	personal computer	
ワープロ	word processor	
マックドナルド	MacDonald	マック라고도 함
マッサージ	massage	
マッカーサー	MacArthur	
ウイルス・ビールス	virus	두 가지로 표기
ラジアルタービン	radial turbine	
ダイバージェンス	divergence	
ホワイトノイズ	white noise	wh의 표기법
マッシュルーム	mushroom	
バーチュアルメモリ	virtual memory	
ベルヌーイ	Bernoulli	
エポキシプライマ	epoxy primer	
パラレルスライド	parallel slide	
アタッチメント	attachment	
スプレーチャンバ	spary chamber	
ビュッフェサービス	buffet service	
サイリスタ	thyristor	
サイホンボルテックス	siphon vortex	
マニホールド	manifold	
オキシデーション	oxidation	
エチレンガス	ethylene gas	
レスポンス	response	
ヘッド	head	

サテライト	sattellite	
エコロジー	ecology	
デフロスト	defrost	
サーモカラー	thermocolor	
テルミ	thermie	
ターンアラウンドタイム	turn-around time	
ランドリー	laundry	
センチポアズ	centipoise	
ソフトウエア	software	
ウォータハンマ	water hammer	wa의 표기법
エリミネータ	eliminator	
ケミカルアンカ	chemical anchor	
ウォルトマン	Woltman	
スキャニング	scanning	
スケジュール	schedule	
スクリーニング	screening	
スパンパイプ	span pipe	
スラリ	slurry	
シミュレーション	simulation	
アルゴリズム	algorithm	
プレッシャ	pressure	
アキュムレータ	accumulator	
エラーメッセージ	error message	
コジェネ	cogeneration	
バイオハーザド	biohazard	

2. 이번에는 영어단어를 보고 일본어로 어떻게 발음이 되는지 연습해 보기로 한다.

machine hatch	マシンハッチ	
air balance	エアバランス	
curtain	カテン	
cooling tunnel	クーリングトンネル	
alcohol	アルコール	
apparatus	アパラタス	
atomizer	アトマイザ	
attachment	アタッチメント	
band noise	バンドノイズ	
basket strainer	バスケットストレーナ	
bell mouth	ベルマウス	
biomass	バイオマス	
biotron	バイオトロン	
bridge	ブリッジ	
bucket trap	バケットトラップ	
cable pit	ケーブルピット	
candle	キャンドル	
canvas	キャンバス	
catridge	カートリッジ	
cascade pump	カスケードポンプ	
central kitchen	セントラルキッチン	
ceramic fiber	セラミックファイバ	
chamber	チャンバ	
choking	チョーキング	
circulator	サーキュレータ	
coating	コーティング	

control center	コントロールセンター	
data analysis	データアナリシス	
decoder	デコーダ	
diaphragm	ダイヤフラム	
diesel engine	ディーゼルエンジン	
diffuser	ディフューザ	
drain cock	ドレンコック	
dual thermostat	デュアルサーモススート	
duty cycle	デューテイサイクル	
ejector nozzle	エゼクタノズル	
elevator	エレベータ	
emulsion	エマルジョン	
epoxy	エポキシ	
ethylene glycol	エチレングリコール	
expert system	エキスパートシステム	
fast food	ファーストフード	
feedback	フィードバック	
finned tube	フインチューブ	
flash chamber	フラッシュチャンバ	
flip-flop	フリップフロップ	
floppy disk	フロッピーディスク	
foaming	フォーミング	
format	フォーマット	
function key	ファンクションキー	
fuzzy	ファジイ	
gasket	ガスケット	
glass wool	グラスウール	
gradient	グラディエント	
graphic display	グラフイックディスプレイ	
helium	ヘリュウム	

hold over	ホールドオーバ	
hot asphalt	ホットアスファルト	
impedance	インピーダンス	
incubator	インキュベータ	
indicator	インジケータ	
intelligent building	インテリジェントビル	
isolator	アイソレータ	
jet fan	ジェットファン	
juice	ジュース	
lagging	ラッギング	
laundry	ランドリー	
light pen	ライトペン	
limit switch	リミットスイッチ	
liquid ice	リキッドアイス	
lithium	リチウム	
Mach	マッハ	
manometer	マノメータ	
mechanical	メカニカル	
module	モジュール	
mushroom	マッシュルーム	
newton	ニュートン	
offset	オフセット	
oil tank	オイルタンク	
operator	オペレータ	
oxidant	オキシダント	
ozone	オゾン	
package	パッケージ	
pallet	パレット	
pannel heating	パネルヒーティング	

particle	パーテイクル	
peak cut	ピークカット	
photocell	フォトセル	
pilot lamp	パイロットランプ	
plankton	プランクトン	
plastic	プラスチック	
plenum	プレナム	
positioner	ポジショナ	
potential	ポテンシャル	
power fuse	パワーヒューズ	
precoat	プレコート	
project	プロジェックト	
pulley	プーリ	
stirling	スターリング	
suction	サクション	
twin	ツイン	
tilting	テイルテイング	
torque motor	トルクモータ	
universal	ユニバーサル	
uranium	ウラン	
vapor lock	ベーパロック	
virus	ウイールス，ビールス	
vortex	ボルテックス	
warming up	ウォーミングアップ	
wash	ウォッシュ	
water hammer	ウォータハンマ	
Wheatstone	ホイートストン	
window fan	ウインドファン	

4 빈번하게 사용되는 표현

이 장에서는 특히 일본어 이공계 서적 및 논문에서 빈번하게 나타나는 동사나 전형적인 표현을 다루기로 한다.

여기에서 취급하는 표현은 사용되는 빈도가 대단히 높다. 또한 문장에서 그 의미 파악이 제대로 되지 않는 경우에 전혀 다르게 독해할 가능성도 있으므로 반드시 숙지해야 한다.

가능의 표현

네 가지의 방법이 있으나 사용빈도가 다소 다를 뿐 모두 사용되므로 잘 알아 두어야 한다.

조동사「(ら)れる」를 붙인다

2.2.1항에서 조동사「(ら)れる」를 사용하여 가능의 표현이 가능하다고 하였는데, 주로 상・하1단동사에서 사용되는 방법이다. 따라서 (ら)れる가 보이면 일단 수동으로 해석해 보고 조금이라도 어색하면 가능으로 생각해 본다.

何も飲まない状態で数日間は生きられる.(아무 것도 마시지 않은 상태에서 며칠간은 살 수 있다)
天気がよい日には，遠くまで見られる.(날씨가 좋은 날에는 멀리까지 볼 수 있다)

▶ 가능동사를 만든다(5단동사만 해당됨)

5단동사의 가능동사를 만드는 방법은 매우 간단하며, 동사의 가정형에 「る」만 붙이면 된다. 예를 들면 「読む → 読め+る」「書く→書ける」「話す → 話せる」「呼ぶ → 呼べる」와 같다. 이때 만들어진 가능동사는 외관상 하1단동사이므로 이에 따라서 활용해야 한다.

가능동사를 만드는 4가지

* 何(なに)，飲む(のむ)，状態(じょうたい)，数日間(すうじつかん)，生きる(いきる)，天気(てんき)，日(ひ)，遠く(とおく)，見る(みる)

Preview

5단동사에도 「読ま+れる」와 같이 조동사 「れる」를 붙여서 가능의 의미를 표현할 수 있다고 하였으나, 이방법은 수동과 혼동의 여지가 있고, 또한 명백히 가능동사를 만들 수 있는 관계로 5단동사의 경우에는 가능의 의미로 「れる」는 기피되는 경향이다.

☑ 사실 5단동사의 가능동사는 読む → 読まれる → 読める와 같이 줄어든 형태라는 학설이 일반적이다.

読者はこの文章が読める. (독자는 이 문장을 읽을 수 있다)
簡単な文章であれば書ける. (간단한 문장이라면 쓸 수 있다)
早く話せればいい. (빨리 말할 수 있다면 좋다)
私は酒やビルが飲めない. (나는 청주와 맥주를 마실 수 없다)

Preview

1과 4번째 문장에서 밑줄친 조사 が 대신에 목적을 나타내는 を를 쓰고 싶겠지만, 가능동사에는 が를 쓰는 것이 원칙이다.

「ことができる」의 표현을 사용한다

동사 「できる」(할 수 있다, 가능하다)를 사용하여 가능의 뜻을 나타내는 방법으로 가장 명확하게 표현할 수 있으므로 폭넓게 사용되는 무난한 표현이라 할 수 있다.

한편 「명사 + する」 형태의 동사에 대한 가능의 표현으로는 「명사 + できる」가 일반적이다.

---

* 読者(どくしゃ), 文章(ぶんしょう), 読む(よむ), 簡単(かんたん), 書く(かく), 早い(はやい), 話す(はなす), 私(わたし), 酒(さけ), 飲む(のむ)

この状態で日本語を読むことができる. (이 상태에서 일본어를 읽을 수 있다)
魚は生で食べることができる. (생선은 날로 먹는 것이 가능하다)
努力すれば, みんな朝早く起きることができる. (노력하면 모두 아침 일찍 일어나는 것이 가능하다)
努力すれば, 成功できる(=成功することができる). (노력하면 성공할 수 있다)
実験できる日でも, 再現はできない. (실험할 수 있는 날이라도, 재현은 불가능하다)

Preview

여러 차례 강조한 내용이다! 위의 마지막 예문에서 사용된 조사 でも는 '에서도'의 의미로도 많이 사용되나, '…(으)로도', '…(이)라도', '…조차도'의 의미로도 사용되므로 해석시 각별한 주의가 요구된다.

동사의 연용형(ます형)에 「得る」를 붙인다

이 방법이 사용되는 빈도는 상대적으로 적은 편이다. 이때 사용되는 동사 「得る」는 える 또는 うる로 발음되며 한자 대신에 가나만으로도 쓰이는 경향이다. 「読む → 読み得る」 「起きる → 起きえる」 「ある → ありうる」

* 状態(じょうたい), 日本語(にほんご), 魚(さかな), 生(なま), 食べる(たべる), 努力(どりょく), 朝(あさ), 起きる(おきる), 成功(せいこう), 実験(じっけん), 日(ひ), 再現(さいげん)

本を読み得る. (책을 읽을 수 있다)
朝早く起きえる. (아침 일찍 일어날 수 있다)
そんなことはありえない. (그러한 일은 있을 수 없다)

「…해야만 한다」

일본어에서 일반적으로 '강제', '의무'를 뜻하는 '…해야만 한다'는 '…하지 않으면 안 된다' 또는 '…하지 않고서는 안 된다'로 표현하게 된다.

여기서 '안 된다'로는 동사 なる(되다)의 부정형 ならない을 사용하기도 하고, 비슷한 의미의 형용동사 だめだ나 형용사 いけない를 사용할 수도 있다. 書く와 食べる를 예로 들어 보이겠다.

書く(쓰다) → 書かない(쓰지 않다) → 書かなければ(쓰지 않으면) → 書か<u>なければならない</u>(쓰지 않으면 안 된다) = 書か<u>なければだめだ</u> = 書か<u>なければいけない</u>
食べる(먹다) → 食べない(먹지 않다) → 食べなくては(먹지 않고서는) → 食べ<u>なくてはならない</u>(먹지 않고서는 안 된다) = 食べ<u>なくてはだめだ</u> = 食べ<u>なくてはいけない</u>

이 중 なければならない가 빈도상으로는 가장 많이 사용되는 것 같다.

---

* 本(ほん), 読み得る(よみえる, よみうる), 朝(あさ), 早く(はやく), 起きる(おきる)
* 書く(かく), 食べる(たべる), 急ぐ(いそぐ), 手紙(てがみ), 生きる(いきる)

Chapter 4

Preview

간혹 なければ를 줄여서 ねば로 쓰기도 한다.
急いで手紙を書かねばならない. (서둘러서 편지를 써야 한다)
生きるためには食べねばいけない. (살기 위해서는 먹어야 한다)

☑ 위의 예문에서 밑줄친 부분을 보면 이중부정의 형태를 취하고 있으며, 따라서 이와 같은 형태가 나타나면 '…해야 한다'로 생각할 수 있도록 숙달될 필요가 있다.

이와는 달리 사용되는 빈도가 다소 적고 어감이 좀 다르기는 하나 비슷한 표현으로서 조동사 べき(마땅히 …해야 한다)를 사용하는 방법이 있다.

必ず今日中に終えるべきである. (반드시 오늘 중으로 마쳐야 한다)
残すためには書いておくべきだ. (남기기 위해서는 써두어야 한다)
これは物理分野ですべきである. (이것은 물리분야에서 해야 한다)

여기에서 주의해야 할 점은 べき에는 동사의 기본형이 사용되나, 세 번째 예와 같이 동사 する만은 る를 떼어버리고 べき를 붙이게 된다.

* 必ず(かならず), 今日中(きょうちゅう), 終える(おえる), 残す(のこす), 物理(ぶつり), 分野(ぶんや)

부정의 표현 「せず」

지금까지 배운 동사의 부정은 부정형에 ない를 붙여서 표현하는 방법만 배웠으나, 이공계 문서에는 「부정형+ず(に)」의 형태도 적지 않게 사용된다.

> 本も読まず, 音樂も聞かない = 本も読まないで, 音樂も聞かない. (책도 읽지 않으며, 음악도 듣지 않는다)
> 何も考えずに(= 考えなくて)研究に夢中である. (아무 것도 생각하지 않고 연구에 몰두한다)
> 研究せず(= しなく), 良いアイディアを期待する. (연구하지 않고 좋은 아이디어를 기대한다)

---

* 本(ほん), 読む(よむ), 音樂(おんがく), 聞く(きく), 何(なに), 考える(かんがえる), 研究(けんきゅう), 夢中(むちゅう), 良い(よい), 期待(きたい), 解析(かいせき)

위의 예문을 보면 알겠지만, ず(に)는 なく(て) 혹은 ないで와 같은 의미로 사용된다. 문장체적인 색채가 보다 강하다고 할 수 있다. 여기에서 주의할 점은 する동사는 흔히 사용하는 부정형 し 대신에 또 다른 부정형 せ를 사용하게 된다.

- ☑ 위와 유사한 형태로 「解析のみならず(= 解析だけではなく)」와 같은 표현도 종종 볼 수 있을 것이다. 의미는 '해석뿐 아니고'이나, 「のみならず」를 마치 하나의 조사처럼 이해하는 것이 편할 것이다.

「…할 수밖에 없다」

위에서 설명한 부정의 표현과 유사한 형태로 「부정형 + ざるを得(え)ない」를 취하여 '…할 수박에 없다', '…하지 않을 수 없다'라는 표현이 가능하다. 다소 문어적인 느낌이나 전공서적이나 논문에서는 심심치 않게 사용된다. 여기서도 する동사만은 부정형으로 せ를 사용한다.

물론 이보다 쉬운 표현인 「기본형 + しかない」가 보다 일반적으로 사용된다.

> 繰り返して計算せ<u>ざるをえない</u> (= 計算するしかない). (반복해서 계산할 수밖에 없다)
> 結果を注意深く見<u>ざるを得ない</u> (= 見るしかない). (결과를 주의깊게 볼 수밖에 없다)

---

* 繰り返す(くりかえす), 計算(けいさん), 結果(けっか), 注意(ちゅうい), 深い(ふかい), 見る(みる), 得る(える), 究明(きゅうめい), 行く(いく)

究明のためには，セミナーに行かざるをえない（=行くしかない）.（규명을 위해서는 세미나에 가지 않을 수 없다）

진행형 「…하고 있다」

현재 또는 현재진행을 나타내는 방법으로는 동사 いる를 사용한 「て형연용형 + ている」의 표현이 있다.

そこへ行っている.（그곳으로 가고 있다）→ 진행
朝食を食べている.（아침식사를 하고 있다）→ 진행
眼鏡をかけている.（안경을 끼고 있다）→ 상태
このフォーマットは2年前に誕生している.（이 포맷은 2년 전에 탄생하였다）→ 결과

Preview

위의 예문과 같이 「ている」는 일반적으로 '…하고 있다'로 해석하나, 마지막 예제와 같이 '…하고 있다'로 해석해서 조금이라도 어색하면 구애받지 말고 그냥 '…하였다'나 '…한다'로 해석한다.

- 타동사의 경우에는 동사 ある를 사용하여 「てある」의 표현을 간혹 사용하기도 하는데, 이때의 의미는 '수동의 상태'가 된다.
  字が書いてある = 字が書かれている（글씨가 쓰여져 있다）
  門が開けてある = 門が開いている（문이 열려져 있다; 여기서 開ける는 타동사로서 '열다'이며, 開く는 자동사로서 '열리다'의 의미이다）
  植木鉢が並べてある = 植木鉢が並んでいる（화분이 늘어서 있다; 並べる는 타동사로서 '늘어놓다', 並ぶ는 자동사로서 '늘어서다'）

* 朝食(ちょうしょく)，食べる(たべる)，眼鏡(めがね)，2年前(にねんまえ)，誕生(たんじょう)，字(じ)，書く(かく)，門(もん)，開ける(あける)，開く(あく)，植木鉢(うえきばち)，並べる(ならべる)，並ぶ(ならぶ)

이와는 달리 간혹 사용되는 표현으로 동사의 연용형에 접속조사 つつ를 사용하는 방법이 있다. 이것은 세 가지의 용법으로 사용되는데(사실상 ①과 ②는 같은 용법이다),

① = ながら(…하면서)

② つつも의 형태로 = にもかかわらず(…하면서도, …임에도 불구하고)

③ つつある의 형태로 (…중이다)

와 같이 진행의 의미도 가지고 있다.

考えつつ食べる. (생각하면서 먹는다)
ラジオを聞きつつ歩く. (라디오를 들으면서 걷는다)
危険を知りつつも山を登る. (위험을 알면서도 산을 오른다)
今進行しつつある. (지금 진행 중이다)

---

* 考える(かんがえる), 食べる(たべる), 聞く(きく), 歩く(あるく), 危険(きけん), 知る(しる), 山(やま), 上る(のぼる), 今(いま), 進行(しんこう), 実験(じっけん), 装置(そうち), 精度(せいど), 向上(こうじょう)

実験装置の精度は向上しつつある.（실험장치의 정도는 향상하고 있다）

보조동사

본래의 의미가 엷어지고 앞의 동사를 보조하기 위하여 사용되는 동사이다. 이미 앞에서 사용된 いる와 ある가 대표적인 예이다. 이외에도 みる(보다), おく(두다), いく(가다), くる(오다), しまう(…해버리다), くれる(주다), もらう(받다), やる(주다) 등이 있다. 사용빈도가 매우 높은 만큼 반드시 암기하기 바란다.

보조동사

Preview

- 이들 보조동사가 원래 의미의 본동사로 사용되는 경우에는 한자로 표현하는 경향이다. 즉, 見る, 置く, 行く, 來る, 仕舞(しま)う와 같다.
- '주다'의 의미로 くれる와 やる가 있으나, 주어서 받는 대상이 '나' 혹은 '내쪽'이라면 くれる를 사용하며, 그 이외에는 やる를 사용한다.

新しい実験を試してみる. (새로운 실험을 시험해 본다)
準備をしておく. (준비를 해 둔다)
研究が進んでいく. (연구가 진행되어 간다)
困難になってくる. (곤란하게 되어 온다 → 곤란해진다)
來週までは解析を終えてしまう. (다음 주까지는 해석을 마쳐 버린다)
こちらに連絡してくれる. (이쪽으로 연락해 주다)
彼に贈り物を送ってやる. (그에게 선물을 보내 준다)
助言してもらう. (〈내가〉조언해 받다 → 〈내가〉조언을 받다 → 〈상대가〉조언해 주다)

☑ 마지막 예문의 もらう는 우리말로 직역하기 어려운 동사 중의 하나로서 '(상대로부터 내가) …을 해 받다'의 의미이나 역시 '(상대가) …해 주다'로 독해하는 것이 편할 것이다.

가나로도 쓰는 동사

보조동사는 아니나 빈번하게 사용하는 본동사를 흔히 그냥 가나로 쓰기도 한다. 이공계 서적에서 볼 수 있는 대표적인 동사를 정리하였으나, 이 이외에도 그 수가 결코 적지 않다.

---

* 新しい(あたらしい), 実験(じっけん), 試す(ためす), 準備(じゅんび), 研究(けんきゅう), 進む(すすむ), 困難(こんなん), 來週(らいしゅう), 解析(かいせき), 終える(おえる), 連絡(れんらく), 彼(かれ), 贈り物(おくりもの), 送る(おくる), 助言(じょげん)

표 10 가나로 표기되는 동사

居る	いる	있다	置く	おく	두다
有る	ある	있다	使う	つかう	사용하다
行く	いく	가다	起きる	おきる	일어나다
言う	いう	말하다	出る	でる	나오다
知る	しる	알다	來る	くる	오다
持つ	もつ	가지다	依る	よる	의하다
取る	とる	취하다	従う	したがう	따르다
付く	つく	붙다	思う	おもう	생각하다

Preview

워낙 많이 사용되면서도 전후의 조사와 어울려 해석시 틀리기 쉬운 부분이므로 각별히 익숙해지도록 노력하기 바란다(아래 예제에서 동사의 활용형이 익숙하지 않은 독자는 다시 한번 2.3절을 복습할 것).

学校にいく. (학교에 간다.)
技術者といわれる人 (기술자라고 일컬어지는 사람)
今日くるかもしれない. (오늘 올지도 모른다.)
新聞をみて出発する. (신문을 보고 출발한다.)
左辺を0にとって処理する. (좌변을 0으로 취하고 처리한다.)

* 学校(がっこう), 技術者(ぎじゅつしゃ), 人(ひと), 今日(きょう), 新聞(しんぶん), 出発(しゅっぱつ), 左辺(さへん), 処理(しょり), 解(かい), 式(しき), 下(した), 右辺(うへん), 出口(でぐち), 水(みず), 流す(ながす), 壁(かべ, へき), 不純物(ふじゅんぶつ), 積分(せきぶん), 判断(はんだん), 決める(きめる)

解を<u>もって</u>いる式を下の右辺に<u>おく</u>. (해를 갖고 있는 식을 아래의 우변에 둔다)
出口から<u>でて</u>いく水を流す. (출구로부터 나오는 물을 흘린다)
壁に不純物が<u>つく</u>. (벽에 불순물이 붙는다)
式(3)に<u>よって</u>積分する. (식3에 의해 적분한다)
判断に<u>したがって</u>決める. (판단에 따라 결정한다)

보조형용사

본래의 의미가 엷어지고 보조적으로 사용되는 보조형용사에는 「ない」「ほしい」「よい」의 셋 정도이다. 이 중 ほしい는 형용사로는 '갖고 싶다', '탐나다'이나 보조형용사로는 '…해 주기 바란다'의 의미로 바뀐다.

이들 보조형용사가 원래의 형용사와 보조형용사로 사용된 사례이다. 먼저 형용사를, 그리고 보조형용사로서의 용법을 소개한다.

新たな内容が<u>ない</u>. (새로운 내용이 없다)
この内容は新しく<u>ない</u>. (이 내용은 새롭지 않다)
この機械が<u>よい</u>. (이 기계가 좋다)
この機械は使っても<u>よい</u>. (이 기계는 사용해도 좋다)
おもちゃが<u>ほしい</u>. (장난감이 갖고 싶다)
雑誌も読んで<u>ほしい</u>. (잡지도 읽어 주기 바란다)

* 新たな(あらたな), 内容(ないよう), 新しい(あたらしい), 機械(きかい), 使う(つかう), 雑誌(ざっし), 読む(よむ)

Preview

이들 보조형용사가 원래 의미의 형용사로 사용되는 경우에는 無い, 良い, 欲しい와 같이 한자로 표현하기도 한다. 드물기는 하나 보조형용사로 사용되는 경우에도 한자로 표현할 수는 있다.

가정을 표현하는 방법

이미 조동사나 조사를 사용하여 가정을 표현하는 방법을 배웠으나 여기에서 다시 한번 정리해 보기로 한다. 가장 대표적인 방법은 역시 동사의 가정형을 취하고 조사 ば를 붙이는 것과 종지형에 조사 と를 붙이는 것이다.

가정의 4동사

雨が降れば<u>ば</u>ゲームは中止である. (비가 오면 게임은 중지이다)
冬になれ<u>ば</u>雪が降る. (겨울이 되면 눈이 내린다)
早く行く<u>と</u>食事ができる. (빨리 가면 식사가 가능하다)
春になる<u>と</u>暖かくなる. (봄이 되면 따뜻해진다)
国境の長いトンネルを抜ける<u>と</u>雪国であった. (국경의 긴 터널을 벗어나니 설국이었다)

Preview

마지막의 예문을 '…벗어나면 설국이었다'로 해석하면 어색한 느낌이다. 그 이유는 뒤의 문장이 과거이기 때문으로, 이 경우에는 '…하니 …이었다'로 가정보다는 확정의 의미이다.

이밖에 가정과 조건의 의미를 포함한 표현으로서 たら와 なら(ば)가 있다. たら는 て형연용형, なら(ば)는 종지형에 연결된다.

バスに乗っ<u>たら</u>一分で行く. (버스를 타면 1분에 간다)
到着し<u>たら</u>すぐ電話しなさい. (도착하거든 바로 전화하세요)
行く<u>なら</u>早く出発すべきだ. (가려면 빨리 출발해야 한다)
來る<u>なら</u>來い. (올테면 오라)
買う<u>ならば</u>大きいものを買う. (사려거든 큰 것을 산다)
学生<u>なら</u>勉強する. (학생이라면 공부한다)

---

* 雨(あめ), 降る(ふる), 中止(ちゅうし), 冬(ふゆ), 雪(ゆき), 早い(はやい), 行く(いく), 食事(しょくじ), 春(はる), 暖かい(あたたかい), 国境(こっきょう), 長い(ながい), 抜ける(ぬける), 雪国(ゆきぐに)

* 乗る(のる), 一分(いっぷん), 行く(いく), 到着(とうちゃく), 電話(でんわ), 早い(はやい), 出発(しゅっぱつ), 來る(くる), 來い(こい), 買う(かう), 大きい(おおきい), 学生(がくせい), 勉強(べんきょう)

되다「なる」

이 동사가 사용되는 빈도는 매우 높다. 정확한 사용 예를 들어 보기로 한다.

☑ 거의 가나로 표기하나, なる를 成る 등으로 쓰는 사람이 꼭 있다.

(1) 気候が寒くなる. (기후가 춥게 되다 = 추워지다)
(2) 材料は完全になくなった. (재료는 완전히 없어졌다)
(3) 恒温槽の中は静かになる. (항온조 속이 조용하게 되다 = 조용해지다)
(4) 偉大な学者になる. (위대한 학자가 되다)
(5) 水が氷となる. (물이 얼음으로 되다)
(6) この条件を満たすようになる. (이 조건을 만족하게 되다)
(7) 電子が電磁波を出すことになる. (전자가 전자파를 내게 되다)

(1), (2)예는 형용사로서 부사형으로 바뀐다. (3)예는 형용동사이며, (4)예의 명사와 같은 형태를 취한다. 그러나 (5)예의 명사에서는 と를 사용하였는데 に보다 약간 더 결과를 강조하는 느낌이다.

Preview

예문 (4)와 (5)에서 に와 と 어느쪽을 사용하든 해석은 '이(가)', '(으)로' 정도가 되나, 주격조사 が는 쓸 수 없다.

* 気候(きこう), 寒い(さむい), 材料(ざいりょう), 完全(かんぜん), 恒温槽(こうおんそう), 中(なか), 静か(しずか), 偉大(いだい), 学者(がくしゃ), 水(みず), 氷(こおり), 条件(じょうけん), 満たす(みたす), 電子(でんし), 電磁波(でんじは), 出す(だす)

(6)예의 동사는 조동사 ようだ를, (7)예는 명사 こと를 사용하여 표현한 것이다. 특히 동사에 「なる」가 이어지는 표현을 소홀히 하면, 해석이 대단히 어색해지므로 주의를 요한다.

Preview

일본어 초심자가 ように의 원래 의미에 끌려, (6)예를 '만족하는 것처럼(같이) 된다'로 해석하는 예를 종종 보는데 역시 어색하다.

이유와 원인

이유와 원인을 나타낼 수 있는 조사로서 이미 배운 から(…이니까, …이기 때문에)와 ので(…이므로, …이기 때문에) 이외에 보다 확실하게 원인을 표현하는 ため가 있다. 또한 가벼운 이유의 표현으로 て가 있다.

必ず失敗するから放棄しよう．(반드시 실패하니까 포기하자)
時間がないから(=ので)タクシーで行こう．(시간이 없기 때문에 택시로 가자)
まだ未成年者だから，酒屋には入れない．(아직 미성년자이니까 술집에는 들어갈 수 없다)
外は寒いから(=ので)着物を厚くする．(밖은 춥기 때문에 옷을 두껍게 한다)
研究室は静かだから(=なので)集中できる．(연구실은 조용하기 때문에 집중할 수 있다)
雨が降るので傘が必要である．(비가 내리므로 우산이 필요하다.)
まだ学生なので(=だから)，入るのは許せない．(아직 학생이므로 들어가는 것은 허용할 수 없다)
この結果は一般的なので，すぐ受け入れられる．(이 결과는 일반적이므로 바로 받아들일 수 있다)

Preview

から와 ので는 의미에 약간의 차이(주관적이냐 객관적이냐 등)는 있으나 굳이 식별할 필요는 없다. 단지 사용상의 주의로서 명사와 형용동사의 뒤에 붙을 때 사이에 들어가는 だ가 な로 바뀌냐 그대로이냐의 차이 정도라고 이해하자.

* 必ず(かならず)，失敗(しっぱい)，放棄(ほうき)，時間(じかん)，行く(いく)，未成年者(みせいねんしゃ)，酒屋(さかや)，入る(はいる)，外(そと)，寒い(さむい)，着物(きもの)，厚い(あつい)，研究室(けんきゅうしつ)，静か(しずか)，集中(しゅうちゅう)，雨(あめ)，降る(ふる)，傘(かさ)，必要(ひつよう)，学生(がくせい)，入る(はいる)，許す(ゆるす)，結果(けっか)，一般的(いっぱんてき)，受け入れる(うけいれる)

ため(に)(…이기 때문에)를 사용하여 확실하게 원인을 표현하는 문장은 특히 이공계 서적에서는 빈번하게 나타난다. 그밖에 동사의 연용형 혹은 형용사의 부사형에 て(…라서)를 붙여서 가볍게 이유를 대는 방법도 있다.

> 雨が降るため，明日に延期する．(비가 내리기 때문에 내일로 연기한다)
> 勝ったために待遇が変わった．(이겼기 때문에 대우가 달라졌다)
> 彼のため，勝負に負けた．(그 때문에 승부에 졌다)
> 外は寒くて出たくない．(밖은 추워서 나가고 싶지 않다)
> ゲームが終わって外へ出た．(게임이 끝나서 밖으로 나왔다)
> 薬品はもう要らなくて破棄した．(약품은 이미 필요 없어져서 파기하였다)

원인을 나타내는 ため(に)는 이외에도 '위하여'의 의미로도 자주 사용된다.

> 国の発展のために，最善を尽くす．(나라의 발전을 위하여 최선을 다한다)

---

* 雨(あめ)，降る(ふる)，明日(あした，あす)，延期(えんき)，勝つ(かつ)，待遇(たいぐう)，変わる(かわる)，彼(かれ)，勝負(しょうぶ)，負ける(まける)，外(そと)，寒い(さむい)，出る(でる)，終わる(おわる)，薬品(やくひん)，要る(いる)，破棄(はき)
* 国(くに)，発展(はってん)，最善(さいぜん)，尽くす(つくす)，勝つ(かつ)，手段(しゅだん)，選ぶ(えらぶ)，家族(かぞく)，何(なに)，必勝(ひっしょう)，勝負手(しょうぶしゅ)，出す(だす)

勝負に勝つ<u>ために</u>，手段を選ばない．(승부에 이기기 위해서 수단을 가리지 않는다)
家族の<u>ために</u>は何もする．(가족을 위해서는 무엇이고 한다)
必勝の<u>ための</u>勝負手を出す．(필승을 위한 승부수를 던지다)

어느쪽으로 해석해야 할지는 전후문맥으로 판단할 수밖에 없으나, 필자의 경험으로는 '때문에'는 ため, '위하여'는 ために로서 に가 붙는 경향이다.

「…라고 한다」

인용의 조사 と(…라고, …로)를 사용한 표현은 폭넓게 사용된다. 이 중에서도 가장 대표적인 것이 と言(い)う이다.

私が<u>言う</u>のをはっきり覚えること．(내가 말하는 것을 확실하게 기억할 것)
コンピュータ<u>という</u>物は単なる機械にすぎない．(컴퓨터라는 물건은 단순한 기계에 불과하다)
昔は脳卒中を中気<u>と言った</u>．(옛날에는 뇌졸중을 중풍이라고 말하였다)

Chapter 4

---

* 私(わたし), 言う(いう), 覚える(おぼえる), 物(もの), 単なる(たんなる), 機械(きかい), 昔(むかし), 脳卒中(のうそっちゅう), 中気(ちゅうき)

この分子を有極性というう. (이 분자를 유극성이라 한다)
自然界はそういう存在である. (자연계는 그러한 존재이다)

Preview

여기에서 동사 言う는 '말하다'의 의미이나, 위의 예문에서 '…라고 말한다'로 해석하면 어색한 경우가 많으므로 '…라고 한다' 쪽이 자연스럽다. 한자로 쓰는 것보다는 가나로 쓰는 경향이 많다.

☑ 마지막 예제의 そういう는 '그렇게 말하는' 보다도 사실상 하나의 형용사처럼 '그러한'으로 간주한다.

빈번하게 사용되는 다른 예를 들어본다.

左辺の値を3としよう. (좌변의 값을 3이라 하자)
全体として中性である. (전체로 해서 = 전체로서 중성이다)
それが原因でないと思う. (그것이 원인이 아니라고 생각한다)
明日は行かないと答えた. (내일은 가지 않는다고 대답하였다)
これらを最も重要な三要素と見なす. (이것들을 가장 중요한 3요소로 간주한다)
すぐ行こうとする. (바로 가려고 한다)
問題を解こうとする. (문제를 풀려고 한다)

---

* 分子(ぶんし), 有極性(ゆうきょくせい), 自然界(しぜんかい), 存在(そんざい)
* 左辺(さへん), 値(あたい), 全体(ぜんたい), 中性(ちゅうせい), 原因(げんいん), 思う(おもう), 明日(あした), 行く(いく), 答える(こたえる), 最も(もっとも), 重要(じゅうよう), 三要素(さんようそ), 見なす(みなす), 問題(もんだい), 解く(とく)

Preview

- 두 번째 예문의 としては '…로 하여…로 해서'이나, 사실상 자격을 나타내는 의미로 조사화되어 '…로서'로 해석하는 편이 자연스러운 경우가 훨씬 많다.
- 마지막 예문의 行こう, 解こう는 '의지'를 나타내는 미연형으로서, 2.1.1항에서 '의지형'으로 소개한 바가 있는데, 위의 용법이 대표적이라 할 수 있다.
- 이와는 달리 부사에 と를 붙이는 경우도 있다. 주로 의성어나 의태어 및 몇몇 부사에 붙이는 수가 있다(즉, 붙이지 않아도 된다는 의미이다)

熊がのそのそ(と)歩く. (곰이 어슬렁어슬렁 걷는다)
葉がはらはら(と)落ちる. (잎이 팔랑팔랑 떨어진다)
ゆっくり(と)歩いてくる. (천천히 걸어 온다)
字がはっきり(と)見える. (글씨가 똑똑히 보인다)

「…에 대하여」

이공계 문서에서 빠뜨릴 수 없는 표현이 바로 '…에 대하여, …에 관하여'이다.

実験<u>について</u>簡単に説明してみる. (실험에 대하여 간단히 설명해 본다)
結果<u>について</u>は後で討論する. (결과에 대해서는 후에 토론한다)

---

* 熊(くま), 歩く(あるく), 葉(は), 落ちる(おちる), 字(じ), 見える(みえる)
* 実験(じっけん), 簡単(かんたん), 説明(せつめい), 結果(けっか), 後(あと), 討論(とうろん)

結果<u>について</u>の討論はすでに終わった.(결과에 대한 토론은 이미 끝났다)
原因<u>に対して</u>結果を分析する.(원인에 대하여 결과를 분석한다)
これ<u>に対する</u>解を求めよう.(이것에 대한 해를 구하자)
制御<u>に関して</u>一言する.(제어에 관해서 한마디하다)
こういう学説<u>に関する</u>異論がたくさんある.(이러한 학설에 관한 이론이 많이 있다)

Preview

- 예문중 ついては 외형상 동사의 활용처럼 보이나 동사가 아니며, 이것의 공손한 표현 역시 동사는 아니나 つきましてる 표현한다.
- 이와 유사하게 외관상 동사처럼 보이는 단어들이 있다. 주로 한국어로 '에 있어서'로 해석되는 것들로서 において, における, にとって 등이다.

대표적인 불완전명사

다음의 단어들은 한국어의 불완전명사에 해당되는 것들로 사용빈도가 대단히 높다. 많은 경우에 우리말로 '것', '일' 등으로 해석되나, 각각의 의미를 정확히 파악하도록 한다. 한자가 있는 경우에는 같이 표현하였으나, 일반적으로 가나로 표기하는 경향이다.

---

* 終わる(おわる), 原因(げんいん), 対する(たいする), 分析(ぶんせき), 解(かい), 求める(もとめる), 制御(せいぎょ), 関する(かんする), 一言(ひとこと), 学説(がくせつ), 異論(いろん)

こと(事)

원래 의식이나 사고와 같은 무형의 현상을 나타낸다. 주로 '것', '일', '수' 등으로 해석되는 경우가 많다. 이공계 서적에서 많이 사용되는 용법을 소개하도록 한다.

この本を読んだことがある. (이 책을 읽은 적이 있다)
解決することになる. (해결하는 것이 된다 = 해결하게 된다)
彼が言うことを熱心に聞く. (그가 말하는 것을 열심히 듣는다)

---

* 本(ほん), 読む(よむ), 解決(かいけつ), 彼(かれ), 言う(いう), 熱心(ねっしん), 聞く(きく)

成功したければ準備する<u>こと</u>だ. (성공하고 싶으면 준비할 일이다)
正確に見る<u>こと</u>ができる. (정확히 보는 것이 가능하다)

▶ もの(物)

물건, 물질, 물품을 뜻하나, 흔히 '것'으로 번역된다.

実験室にある<u>もの</u>は大切である. (실험실에 있는 것(물건)은 소중하다)
先生の言う<u>こと</u>は聞く<u>もの</u>だ. (선생님이 말하는 것은 (마땅히) 들어야 한다)

▶ の

조사이기는 하나 다음 예와 같이 사용하면 마치 불완전명사처럼 사용되어 '것'으로 번역되는 경우가 많다.

青い<u>の</u>が好きだ. (파란 것이 좋다)
これが私<u>の</u>である. (이것이 내 것이다)

---

* 成功(せいこう), 準備(じゅんび), 正確(せいかく), 見る(みる)
* 実験室(じっけんしつ), 大切(たいせつ), 先生(せんせい), 聞く(きく)
* 青い(あおい)

好きなのを選択する.（좋아하는 것을 선택한다）
いま行うのは洗浄作業だ.（지금 행하는 것은 세정작업이다）

다음은 위와 비슷한 용법이기는 하나 の가 강조의 용법으로 사용된 예이다.

今日中には必ず行くのだ.（오늘 중으로는 반드시 간다 = 가는 것이다）
負けることが多いのだ.（지는 일이 많다 = 많은 것이다）
勝負に勝った方は人なのだ.（승부에 이긴 쪽은 사람이다 = 사람인 것이다）
反応が起こらないことが一般的なのだ.（반응이 일어나지 않는 것이 일반적이다）

Preview

주의할 점은 の앞의 '이다' だ는 な로 바뀐다는 것이다. 즉「명사+だ」나「형용동사 + だ」가 여기에 해당되는데 여기에 の가 붙으면 だ는 な로 바뀐다. 이유와 원인에서 취급하였던 ので, のに도 마찬가지로 설명할 수 있으며, 결론적으로, '이다'의 だ가 の(ので, のに) 앞에서는 な로 변한다는 것을 확실하게 기억하기 바란다.

* 好き(すき), 私(わたし, わたくし), 選択(せんたく), 行う(おこなう), 洗浄(せんじょう), 作業(さぎょう)
* 今日中(きょうちゅう), 行く(いく), 必ず(かならず), 負ける(まける), 多い(おおい), 勝負(しょうぶ), 勝つ(かつ), 方(ほう), 人(ひと), 反応(はんのう), 起こる(おこる), 一般的(いっぱんてき)

▶ ところ(所)

장소, 곳, 위치의 의미이나, '바', '점' 등으로 해석하는 것이 자연스러운 경우가 많다.

こんな所で住む人がいる.(이러한 곳에서 사는 사람이 있다)
ここに書いてある<u>ところ</u>を説明する.(여기에 써 있는 바를 설명하겠다)
私が知っている<u>ところ</u>によるとこれは間違いである.(내가 알고 있는 바에 의하면 이것은 잘못이다)
いま実験が完了した<u>ところ</u>である.(지금 실험이 완료된 참이다 = 막 완료되었다)

▶ つもり

예정, 생각, 작정 등의 의미이다.

これから勉強する<u>つもり</u>である.(지금부터 공부할 예정(작정)이다)
死んだ<u>つもり</u>で努力する.(죽은 셈치고 노력하겠다)
そんな<u>つもり</u>で解析したのではない.(그럴 생각으로 해석한 것은 아니다)

---

* 住む(すむ), 説明(せつめい), 知る(しる), 間違い(まちがい), 実験(じっけん), 完了(かんりょう)
* 勉強(べんきょう), 死ぬ(しぬ), 努力(どりょく), 解析(かいせき)

▶ はず(筈)

일이 당연히 그렇게 될 '것'임을 나타낸다. 보통 '(당연히) …할 것임', '…할 예정임' 등으로 해석된다.

明日実験が終わるはずだ. (내일 실험이 끝날 예정이다)
真実はみんな知っているはずである. (진실은 모두 (당연히) 알고 있다)

▶ わけ(譯)

원래는 '뜻, 의미, 까닭, 이유' 등의 의미이나, 불완전명사의 용법으로 위의 はず와 거의 같은 용도로 사용된다.

どういう状況なのか訳が分からない. (어떤 상황인지 영문을 모르겠다)
どんな訳でこのような反応が出たのか. (어떤 이유로 이러한 반응이 나온 것일까)
高原なので涼しいわけである. (고원이기 때문에 (당연히) 시원하다)

---

* 明日(あした, あす), 実験(じっけん), 終わる(おわる), 真実(しんじつ)
* 状況(じょうきょう), 分かる(わかる), 反応(はんのう), 出る(でる), 高原(こうげん), 涼しい(すずしい)

ない로 끝나면서 부정이 아닌 경우

독해를 하면서 혼동하기 쉬운 것이 긍정이냐 부정이냐를 명백하게 구분하기 어려운 경우이다. 지금까지 배운 내용으로는 일반적으로 ない가 나타나면 부정을 연상하게 되나, 다음의 경우에는 전혀 부정의 의미가 포함되지 않는다.

기본형이 −なう로 끝나는 동사의 연용형

대표적인 것이 行なう → 行ない이다. 이외에도 おぎなう(보충하다) → おぎない와 같이 몇 가지가 더 있으나 빈도수는 많지 않다.

ない로 끝나는 형용사

少ない로 대표되며, おさない(어리다)와 같은 형용사가 있으므로 주의를 요한다.

Preview

마찬가지로 앞에서 설명한 ず가 나타나도 부정일 가능성이 높으나 必ず(반드시)와 같은 단어가 간혹 있으므로 역시 단정지어서는 안된다.

い로 끝나면서 형용사가 아닌 경우

형용동사 중 い로 끝나는 경우

きれい(예쁘다), きらい(싫다)로 대표되며 이것들은 명백한 형용동사이다.

▶ う로 끝나는 동사의 연용형(명사화)

대표적인 예를 다음에 보인다. 편의상 연용형 대신에 명사화되었을 때의 의미를 기재하였다.

戦う(싸우다) → 戦い(싸움), もらう(받다) → もらい(받음), 使う(사용하다) → 使い(심부름), 疑う(의심하다) → 疑い(의심), 争う(다투다) → 争い(다툼), 向かう(향하다) → 向かい(맞은 편), 違う(다르다) → 違い(차이)

Preview

이밖에도 간혹 다른 품사 중에서 い로 끝나는 것도 있으므로 해석해 보아서 조금이라도 이상하면 사전에서 확인하는 것이 좋다. 다음의 문장을 보면
幸い実験は成功した. 「행복한 실험은 성공하였다(?)」가 되어 버린다. 사실은 幸(さいわ)い는 명사로서 '행복'이며, 형용사로서의 '행복한'의 의미가 아니다. 이 문장에서 정확한 표현은 幸いに(다행히)이며, 여기에 に를 생략한 것이다. 어쨌든 설명이 복잡해졌으나 중요한 것은 해석 시 조금이라도 이상하면 사전을 찾아보라는 점이다. 위의 문장의 정답은 「다행히 실험은 성공하였다」이다.

---

* 戦う(たたかう), 疑う(うたがう), 争う(あらそう), 違う(ちがう), 幸い(さいわい), 実験(じっけん), 成功(せいこう)

5 매뉴얼 · 카탈로그 읽기

이 장에서는 지금까지 다루어 왔던 일반적인 논문과 전공서적과는 달리, 통상 매우 정중하고 공손한 문체로 쓰여진 매뉴얼 · 카탈로그의 독해에 대해 취급하기로 한다. 생소한 표현이 많으므로 약간의 주의가 요구되나, 생각만큼 복잡하지는 않다.

이와 같은 문서에는 경어가 사용되며 그 사용방법에 따라 존경어, 겸양어, 정중어로 나누어진다.

① 존경어는 자신이 아닌 상대방이나 고객과 같은 제3자를 높여서 표현하는 경우이다.

② 겸양어는 자신을 낮춤으로써 상대방을 높이는 경우에 사용된다.

③ 정중어는 상대를 존경하거나 자신을 낮추는 것이 아니고, 표현 자체를 정중하게 하는 것이다. 이미 배운 「ます, です」가 이에 해당한다.

5.1 존경의 표현

한국어에도 명백히 존경의 표현이 있어, 일반적인 동사의 경우에는

'…(하)시다'의 표현을 쓰기도 하고, 존경의 뜻을 포함한 동사(예: 먹다 → 잡수시다)를 사용하기도 한다. 한국어의 경우에는, 만약 '잡수시다'와 같은 별도의 존경어가 있다면, 일반적인 동사에 '…하시다'의 표현은 어색하거나 실례의 표현이 된다(예: 먹다 → 먹으시다).

일본어의 경우에도 거의 동일하다. '…하시다'의 표현은 이미 배운 「동사의 수동형」을 사용한다. 수동과 혼동의 여지는 있으나 모든 동사에 사용할 수 있고 간결하여 널리 사용되는 표현이다.

先生が本を<u>読まれます</u>. (선생님이 책을 읽으십니다)
何時に<u>来られますか</u>. (몇 시에 오십니까)

---

* 先生(せんせい), 本(ほん), 読む(よむ), 何時(なんじ), 來られる(こられる), 座長(ざちょう), 笑う(わらう), 答える(こたえる), 言う(いう), 通り(とおり), 行う(おこなう)

座長が笑いながら答えられる. (좌장이 웃으면서 대답하신다)
言われた通りに行いました. (말씀하신 대로 하였습니다)

이와는 달리 약간 복잡한 「お + ます형 + になる」의 형태를 취하기도 한다. 이 표현은 존경어가 있는 동사에는 사용할 수 없다.

お使いになる方や他の人への危害. (사용하시는 분이나 타인에게의 위해)
専門書籍をお読みになります. (전문서적을 읽으십니다)

Preview

이 표현에서 틀리기 쉬운 것이 이미 4장에서 배운 '…하게 되다'의 의미인 「기본형＋ようになる」와 구분이다. 위의 존경의 표현에 사용된 なる에는 '되다'의 의미는 전혀 없음에 주의해야 한다.
お読みになる. (읽으시다)
読むようになる. (읽게 되다)

전용의 존경어가 있는 경우에는 이를 사용하는 것이 원칙이다. 다음 표에 이러한 동사의 예를 드나 그 수는 얼마 되지 않는다.

Preview

ござる는 정중어로만 써 있는 교과서도 있으나, 상대방을 존경하는 의미로도 사용되는 만큼 존경어이기도 하다. 즉, ござる가 いる・いく・くる의 의미로 사용되면 존경어, ある의 의미로 사용되면 뒤에서 설명할 정중어이다.

* 使う(つかう), 方(かた), 他(ほか), 人(ひと), 危害(きがい), 専門書籍(せんもんしょせき), 読む(よむ)

표 11 존경동사

일반동사		존경동사	
言(い)う	말하다	おっしゃる	말씀하시다
行(い)く	가다	いらっしゃる おいでに なる ござる	가시다
來(く)る	오다	いらっしゃる おいでに なる お見(み)えになる ござる	오시다
いる	있다	いらっしゃる おいでに なる ござる	계시다
する	하다	*なさる	하시다
くれる	주다	*下(くだ)さる	주시다
食(た)べる 飲(の)む	먹다 마시다	召(め)し上(あ)がる	잡수시다 드시다
見(み)る	보다	*ご覧(らん)に なる	보시다

※ 매뉴얼 · 카탈로그에 많이 사용되는 단어에 *표를 해 두었다.

このように金博士が<u>おっしゃいました</u>. (이와 같이 김박사님이 말씀하셨습니다)
金博士は今研究室に<u>ござる</u>. (김박사님은 지금 연구실에 계시다)
よく <u>いらっしゃいました</u>. (잘 오셨습니다)
今日はどちらへ <u>いらっしゃいますか</u>. (오늘은 어디로 가십니까)

---

* 博士(はかせ, はくし), 今(いま), 研究室(けんきゅうしつ), 今日(きょう), 毎日(まいにち), 実験(じっけん), 明日(あした), 本(ほん), 何(なん, なに), 貴重(きちょう), 試料(しりょう)

毎日実験をなさる = 実験なさる. (매일 실험하신다)
明日くださる本は何ですか. (내일 주실 책은 무엇입니까)
貴重な試料をくださいました. (귀중한 시료를 주셨습니다)

Preview

- おっしゃる, いらっしゃる, なさる, くださる은 약간 변칙적인 활용을 하며, 「연용형+ます」는 각각 おっしゃいます, いらっしゃいます, なさいます, くださいます과 같이 り가 い로 바뀐다. 한편 なさる의 명령형은 なさい, くださる의 명령형은 くださいOI다.
- ご覧になる는 관용적으로 ご覧のように(보시는 바와 같이), ご覧なさい(보십시요), ご覧ください(보아 주십시요)와 같은 표현이 사용된다.

4장에서 취급한 보조동사 중 いる, くれる는 위의 표와 같이 존경어가 있다. 따라서 이들 동사를 사용하여 다음과 같이 표현할 수 있다.

相談していらっしゃる. (상담하고 계신다)
設置してくださいませんか. (설치해 주시지 않겠습니까?)
正しく使ってください = 正しくお使いください. (올바르게 사용해 주십시오)
サンプルを送ってください. = サンプルをお送りください.
(샘플을 보내 주십시오)

Chapter 5

---

* 相談(そうだん), 設置(せっち), 正しい(ただしい), 使う(つかう), 送る(おくる), 販売店(はんばいてん), 教室(きょうしつ), 食事(しょくじ), 傷(きず), 申請(しんせい)

販売店に相談して下さい = 販売店にご相談下さい. (판매점에 상담해 주십시오)
教室では食事しないでください. (교실에서는 식사하지 말아 주십시오)
ディスクに傷をつけないでください. (디스크에 상처를 내지 말아 주십시오)

Preview

- くださる의 명령형 ください를 사용하는 방법은 일반적으로「て형+て+ください」가 있으나,「お+ます형+ください」도 사용되나, 전자의 경우가 보다 정중한 표현이다. 한편「명사+する」형태의 동사는「お(ご)+명사+ください」의 형태를 취한다.
  ご申請ください = 申請してください.
- '…하지 말아 주십시오'는 위의 예와 같이, 일반적으로 사용하는「부정형+なく+て」대신에「부정형+ない+で」의 형태를 취한다.

한편 명사에 붙여 존경의 표현을 나타내는 접두사로「お」와「ご」가 있다(ご는 간혹 한자로 御로 쓰기도 한다). 훈으로 발음되는 단어에는「お」, 음으로 발음되는 단어에는「ご」를 붙이는 경향이나 절대적인 것은 아니다. 또한 이를 잘못 이해하여 독해시 혼동을 초래하는 일은 없으므로, 심각하게 생각할 필요는 없으니 참고 정도로 보기 바란다.

그러나 이와 같은 접두사가 앞에서 설명한 동사만큼 반드시 존경의 뜻을 나타내는 것은 아니며, 관용적으로 고착되다시피 한 경우도 있다. 이들이 사용되는 용도를 나누어 보면 다음과 같으나, ①과 ②는 엄밀한 구분이 되지 않는 수도 있다.

① 상대방의 것을 나타내는 의미로, '당신의' 정도의 의미만을 갖는 경우

ご意見はいかがですか. (〈당신의〉 의견은 어떻습니까?)

お宅はどこですか. (댁은 어디입니까?)

ご健康を祈ります. (건강을 빌겠습니다)

② 정말로 존경의 뜻을 나타내는 경우

先生のお話を聞いている. (선생님의 말씀을 듣고 있다)

お忘れ物ないようにご注意ください. (잊으신 물건 없도록 주의해 주십시오)

③ 관용으로서 마치 한 단어의 일부로 고착된 경우.

ご飯(밥), おかず(반찬), お茶(차) 및 「お + ます형 + になる」, 「お + ます형 + する」 등

④ 자신과 관련되는 것이기는 하나, 상대방과도 관련이 있어 관용으로 붙이는 경우.

お願いがあります. (부탁이 있습니다)

お手紙を差し上げます. (편지를 올리겠습니다)

ご報告致します. (보고하겠습니다)

---

* 意見(いけん), 宅(たく), 健康(けんこう), 祈る(いのる), 先生(せんせい), 話(はなし), 聞く(きく), 忘れ物(わすれもの), 注意(ちゅうい), ご飯(ごはん), お茶(おちゃ), 願う(ねがう), 手紙(てがみ), 差し上げる(さしあげる), 報告(ほうこく)

5.2 겸양의 표현

한국어에도 '말씀드리다', '여쭙다'와 같은 겸양의 표현이 존재하나 점차 약해지고 있는 경향이다. 일본어에도 겸양을 나타내는 동사가 있으며, 일반동사에는 「お+ます형+する(いたす)」의 표현을 사용하여 겸양을 나타낼 수 있다.

별도의 겸양의 동사가 없는 일반동사에 대한 겸양 표현의 예를 들겠다.

送られた飲料を<u>お飲みします</u>. (보내신 음료를 마시겠습니다)
返事をすぐ<u>お送りします</u>. (답신을 바로 보내겠습니다)

---

* 送る(おくる), 飲料(いんりょう), 飲む(のむ), 返事(へんじ), 質問(しつもん), 答える(こたえる), 販売店(はんばいてん), 渡す(わたす)

ご質問にお答えいたします. (질문에 대답하겠습니다)
販売店でお渡し致します. (판매점에서 인도합니다)

☑ いたす는 致す로 한자로 표기하기도 한다.

겸양을 나타내는 동사에는 다음과 같은 것들이 있으며, 겸양동사가 있는 경우에는 이를 사용해야 한다.

표 12 겸양동사

일반동사		겸양동사	
いる	있다	おる	있다
行(い)く	가다	參(まい)る	가다
來(く)る	오다	參(まい)る	오다
する	하다	*致(いた)す	하다
もらう	받다	*頂(いただ)く	받다
言(い)う	말하다	*申(もう)す 申(もう)し上(あ)げる	말씀드리다
食(た)べる	먹다	頂(いただ)く	먹다
やる	주다	*上(あ)げる 差(さ)し上(あ)げる	드리다
会(あ)う	만나다	お目(め)にかかる	만나뵙다
訪(たず)ねる	방문하다	伺(うかが)う	찾아뵙다
聞(き)く	묻다	伺(うかが)う	여쭙다
聞(き)く	듣다	承(うけたまわ)る	듣다
思(おも)う	생각하다	存(ぞん)じる	생각하다
知(し)る	알다	存(ぞん)じる	알다

※ 매뉴얼・카탈로그에 많이 사용되는 단어에 *표를 해 두었다.

Chapter 5

☑ 한국어에서도 겸양어로 표현하면 '가다 → 가옵다', '듣다 → 듣잡다' 등으로 표현할 수는 있으나, 사실상 사어가 된 만큼 일반적인 표현을 사용하였다.

Preview

대부분의 교과서에는 おる가 いる의 겸양어라고 쓰여 있으나, おる는 いる, ある, 存在する와 동일한 의미로 사용되며, 사실상 おる 자체로는 겸양의 의미는 거의 없거나 희박하다. おります가 います의 공손한 표현 정도로 이해하자.

ソウルには昨日まいりました. (서울에는 어제 왔습니다)
点数を記録致します. (점수를 기록하겠습니다)
ご報告いたします. (보고하겠습니다)
金と申します. (김이라 합니다)
指導教官に実験結果を申し上げました. (지도교수께 실험결과를 말씀드렸습니다)
結果報告書を差し上げます. (결과보고서를 드리겠습니다)
うかがうことがあります. (여쭐 것이 있습니다)

보조동사 중 いる, いく(くる), もらう, やる에 해당되는 겸양동사로서 おる, まいる, いただく, あげる가 있으므로 이를 사용하여 겸양을 표현할 수 있다.

---

* 昨日(きのう), 点数(てんすう), 記録(きろく), 報告書(ほうこくしょ), 指導教官(しどうきょうかん), 実験(じっけん), 結果(けっか), 申し上げる(もうしあげる), 差し上げる(さしあげる)

熱心に研究して<u>おります</u>. (열심히 연구하고 있습니다)
直接見て<u>まいります</u>. (직접 보고 오겠습니다)
パンを食べさせて<u>いただきます</u>. (〈제가〉 빵을 먹겠습니다 ← 〈제게〉 빵을 먹게해 받겠습니다)
ご案内させて<u>いただきます</u>. (〈제가〉 안내해 드리겠습니다)
紹介して<u>いただきます</u>. (소개해 주십시오 ← 소개해 받겠습니다)
金博士を紹介させて<u>いただきます</u>. (〈제가〉 김박사를 소개해 드리겠습니다 ← 김박사를 소개시켜〈제가 소개시키도록 양해〉 받겠습니다)
長くご愛用<u>いただく</u>ためには = 愛用して<u>いただく</u>ためには (오랫동안 애용해 주시기 위해서는)
試製品を作って<u>あげます</u>. (시제품을 만들어 드리겠습니다)

Preview

4장에서 보조동사 もらう가 해석하기 힘들다고 하였는데, 이의 겸양어인 いただく가 마찬가지이다. 위의 예문과 같이 '…해 주십시오' 정도로 의역하는 것이 자연스럽다. 특히 자신이 '(상대방의 양해하에) …하겠습니다, …해 드리겠습니다'의 의미를 나타내는 경우에, 본동사는 사역형을 사용해야 한다. 사역형이냐 아니냐에 따라 정반대의 의미가 되므로 회화에서는 각별히 주의해야 할 표현이며, 자신 없으면 ご案内させていただきます와 같은 표현 대신에 ご案内致します(안내하겠습니다)와 같이 정중함이 다소 떨어지더라도 직접적인 표현이 무난하다. 紹介していただきます도 紹介してください(소개해 주십시오)로 표현하는 것이 실수할 가능성이 적다.

---

* 熱心(ねっしん), 研究(けんきゅう), 直接(ちょくせつ), 見る(みる), 食べる(たべる), 案内(あんない), 紹介(しょうかい), 博士(はかせ, はくし), 長い(ながい), 愛用(あいよう), 試製品(しせいひん), 作る(つくる)

☑ 드물게는 申す, 申し上げる가 보조동사로서 する의 겸양어로 사용되기도 한다.
私がご案内申し上げます. (제가 안내해 드리겠습니다)

5.3 공손의 표현

이미 배운 「です」, 「ます」로 대표되는 공손한 표현은 「ござる」를 사용하여 더욱 공손한 표현이 가능하게 된다. ある의 공손한 표현인 정중어가 바로 ござる이며, あります보다도 더욱 공손한 표현이 ございます이다.

Preview

마찬가지로 である(→であります)의 공손한 표현은 でござる(→でございます)이다.

☑ 간혹 ござる를 한자로 御座る로 표기하기도 한다.

또한 5.2절에서 언급하였듯이 います의 공손한 표현이 おりますである.

偉い先生<u>でござる</u>. (위대한 선생이시다)
机の上に本が<u>ございます</u>. (책상 위에 책이 있습니다)
静か<u>でございます</u>. (조용합니다)

---

* 偉い(えらい), 先生(せんせい), 机(つくえ), 上(うえ), 本(ほん), 静か(しずか)

保証書を別途添付して<u>おります</u>. (보증서를 별도 첨부하고 있습니다)
田舎で生活して<u>おります</u>. (시골에서 생활하고 있습니다)

이미 배운 食べる도 사실은 정중어이다. 즉, 상대방을 높이거나 자신을 낮추는 용도가 아니고, 표현 자체를 공손하게 하는 단어로서, 이러한 공손함이 배제된 순수한 의미의 '먹다'는 食(く)う이다. 이 표현을 쓰면 불손하다고 생각할지 모르나, '소가 풀을 먹다'를 표현하고 싶을 때 오히려 食べる는 어색하다. 몇몇 단어에 일반적인 표현과 정중한 표현이 구분되는 경우가 있으며, 그 예를 들어본다.

腹(はら) → お腹(なか)
頭(あたま) → おつむ
便所(べんじょ) → お手洗い(てあらい)

☑ 마지막으로 한국어의 경어표현이 최근 심하게 훼손된 듯하여, 그 원칙을 간단히 언급하겠다. 공손한 표현인 '입니다, 합니다'로 무난한데도 '이십니다. 하십니다'와 같은 존경어를 무차별 남발하는 것이 대표적이다. 존경어는 어디까지나 주체가 상대방이거나 고객과 같은 제3자이며, 이들의 소유격은 존경의 대상이 아니다.
"주례사가 있으시겠습니다(계시겠습니다)"
주례를 존경하는 것은 좋으나, 주례의 말씀인 주례사를 존경하는

* 保証書(ほしょうしょ), 別途(べっと), 添付(てんぷ), 田舎(いなか), 生活(せいかつ)

Chapter 5

것은 주례의 안경을 존경하는 것에 다름 아니다. 위의 표현은 "주례사가 있겠습니다"나 "주례사를 말씀해 주시겠습니다"가 적합하다. 또한 '있으시다'란 표현도 부적합하며, '있다'의 존경어인 '계시다'를 써야 한다. '계시다'를 쓸 수 없는 곳에 '있으시다'를 쓰는 것은 어법에 맞지 않는다.

연습문제

※ 다음을 읽고 해석해 보자.

1. このたびはデジタルスチルカメラをお買い上げいただきまして，まことにありがとうございます．お求めの製品を正しく使っていただくためにお使いになる前に取扱説明書をよくお読みください．お読みになった後はいつも手元においてください．

2. この商品には，保証書を別途添付しております．保証書はお買いあげ販売店でお渡ししますので，所定事項の記入および記載内容をご確認いただき，大切に保存してください．保証期間は，お買いあげ日より1年間です．保証書の記載内容により，お買いあげ販売店が修理いたします．詳細は，保証書をご覧ください．

■ 해 석

1. 이번에 디지털 스틸 카메라를 구입해 주셔서 대단히 감사드립니다. 구입하신 제품을 바르게 사용하시기 위해서는 사용하시기 전에 취급설명서를 잘 읽어 주십시오. 읽으신 후은 항상 가까이에 놓아 두십시오.

2. 이 상품에는 보증서를 별도 첨부하고 있습니다. 보증서는 구입하신 판매점에서 건내드리므로, 소정의 사항의 기입 및 기재내용을 확인해 주시고, 소중히 보관해 주십시오. 보증기간은 구입하신 날부터 1년간입니다. 보증서의 기재내용에 의해 구입하신 판매점이 수리하겠습니다. 상세한 것은 보증서를 봐 주십시오.

6 실전문제

지금까지의 내용은 이공계 문서의 독해에 필요한 사항만을 최소한으로 주려서 설명한 관계로, 세부적인 사항 및 문법의 설명은 의도적으로 줄였다. 이 장에서는 배운 내용을 실제의 이공계 서적 및 논문을 중심으로 하여 적용하도록 한다. 아직까지 다루지 않은 내용 및 추가설명이 요구되는 경우에는 주석을 통하여 해설할 것이므로 만약 예제와 해석 사이에 설명이 필요한 경우에는 이를 활용하도록 한다.

필자의 경험으로는 첫 번째 실전문제와 같이 독해하면서 일어문장 위에 한글로 간단히 쓰는 것도 좋은 방법이라고 생각한다. 이러한 과정이 반복되면 놀라울 만치 빠른 속도로 실력이 늘고 메모하는 양도 줄어드는 것을 느낄 수 있을 것이다. 이것이 바로 단시일 내에 일어문서의 독해가 가능한 지름길이다. 순서대로 보기가 지루하다고 생각되면 먼저 주석만 학습한 후 자신의 전공분야와 유사한 예제를 우선적으로 보는 것도 일책이 될 것이다.

切削工具を皆さんはよく知っている[1]と思う．機械系の学生であれば，実習などでドリルやエンドミルを使い，切削加工をした経験がある[2]はずである．今日では，切削工具の表面に金色をしたTiNなどの薄膜工を形成し，工具の長寿命化と切削加工の高効率化を実現している．

[3]このような薄膜材料[4]として要求される特性は硬さ(耐摩耗性)と耐酸化性(耐熱性)である． 膜が硬ければ摩耗せず，耐酸化性に優れていれば，切削熱による高温下でも硬さを維持できる．最近では，より過酷な(高速[5]かつ高負荷)切削条件下での切削加工が要求される．

절삭공구를 여러분은 잘 알고 있으리라고 생각한다. 기계계열의 학생이라면, 실습 등에서 드릴(drill)이나 엔드밀(end mill)을 사용하여 절삭가공을 한 경험이 있을 것이다. 오늘날에는 절삭공구의 표면에 금색을 한 TiN 등의 얇은 막을 형성하고, 공구의 장수명화와 절삭가공의 고효율화를 실현하고 있다.

이러한 박막재료로서 요구되는 특성은 경도(내마모성)와 내산화성(내열성)이다. 막이 딱딱하면 마모하지 않고, 내산화성에 우수하면 절삭열에 의한 고온하에서도 경도를 유지할 수 있다. 최근에는 보다 가혹한(고속이면서 한편 고부하) 절삭조건하에서의 절삭가공이 요구된다.

1. と의 뒤에 동사가 오는 경우에는 '…라고', '…로'의 의미가 된다. ✪
2. (당연히) …일 것, …할 것, …할 예정 ✪
3. '이와 같은', '이러한'의 의미이다. 이미 조동사에서 다루었던 「ようだ」는 동사에만 붙는 것이 아니고 명사 등에도 붙어 '…같다'의 뜻을 갖게 된다. ✪
4. '…로 하여'이나, 사실상 하나의 조사처럼 되어 '…로서'의 의미가 된다. ✪
5. 접속사로서 '한편, 또, 게다가' ✪

[1]たとえば，トランジスタの発明は基礎技術であり，基本特許となった．一九四八年に，米国のショックレー[2]らによって創り出されたトランジスタを使ったラジオを最初に商品化したのは，よく知られているように，日本のソニーである．

この場合，ショックレーらは，トランジスタを使って「売れる商品」を作らなかった[3]ものの，トランジスタそのものをどう作ればいいかを実証したし，実際にトランジスタを作った．

예를 들면, 트랜지스터(transistor)의 발명은 기초기술이고, 기본특허가 되었다. 1948년에 미국의 쇼클리 등에 의해 만들어진 트랜지스터를 사용한 라디오를 최초로 상품화한 것은, 잘 알려져 있는 것처럼 일본의 소니이다.

이 경우 쇼클리 등은 트랜지스터를 사용하여 '팔리는 상품'을 만들지 않았지만, 트랜지스터 그 자체를 어떻게 만들면 좋은가를 실증하였고, 실제로 트랜지스터를 만들었다.

Chapter 6

1. 동사 例(たと)える(예를 들다)에서 유래된 접속사이며, 例えば와 같이 한자로도 자주 쓰인다. ✪
2. 복수를 만드는 접미사에는 여러 가지가 있으며 그 중의 하나이다. 이외에도 용도는 약간씩 다르나 など, 等, 達(사람에만 사용함) 등의 표현이 있다. ✪
3. 간혹 사용되는 접속사로서 が와 거의 같은 '…이나', '…이지만'의 의미이다.

米国の企業の中でも，特に宇宙での[1]合金づくりに力を入れているのは，GE(ゼネラル・エレクトリック社)で，すでにコバルトとニッケルの超合金作りに成功している．

この超合金は，1200℃以上の熱に[2]耐えられる[3]にもかかわらず，ジェット・エンジンをこれで作れば，効率が二割以上[4]も上がる，[5]というものだ(図4)．また研究機関では，ピッツバーグのカーネギーメロン大学などが，宇宙での合金づくりに力を入れている．

미국의 기업 중에서도 특히 우주에서의 합금 만들기에 주력하고 있는 것은, GE(General Electric사)로, 이미 코발트와 니켈의 초합금 제작에 성공하였다.

이 초합금은 1200℃ 이상의 열에 견딜 수 있음에도 불구하고, 제트엔진을 이것으로 만들면 효율이 2할 이상이나 오른다는 것이다(그림4). 또한 연구기관에서는 피츠버그의 카네기멜론대학 등이 우주에서의 합금 제작에 주력하고 있다.

---

1. 合金を作(つく)る(합금을 만들다)의 명사화는 合金作(づく)り(합금 만들기)가 될 것이다. 여기에서 발음이 つ에서 づ로 변한 것은 한국어의 자음접변 등과 마찬가지로 일종의 발음을 쉽게 하기 위한 방편이며 이와 유사한 경우는 매우 많다.
2. 기본형 耐(た)える(견디다)의 수동형으로, 수동의 '견디어지다'와 가능의 '견딜 수 있다'로 해석할 수 있으나 필자의 취향으로 가능으로 하였다.
3. '…임에도 (불구하고)'로 복잡하게 생각하지 말고 하나의 조사로 간주한다. ✪
4. 상황에 따라서는 '도'보다도 '(이)나'로 번역하는 것이 자연스럽다.
5. 앞에 콤마가 있어 당혹할지도 모르나 '라고 (말)하다'로 의미를 그대로 갖는다. 심지어는 마침표가 올 수도 있어 접속사적으로 사용되기도 한다.

方向[1]音痴という言葉がある．音樂的な感性がすぐれていても，方向感覚が非常に鈍いことをいう．一般に男性と比べて，女性の[2]ほうが方向音痴の人が[3]多いとよくいわれる．

狩猟採集時代の名残がここに現れているの[4]かも [5]しれないが，意外にもこのことについてちゃんと調べた研究は[6]あまりない．[7]なんとなく[8]われわれがそう思っているのである．

방향음치라는 말이 있다. 음악적인 감성이 뛰어나더라도, 방향감각이 대단히 둔한 것을 말한다. 일반적으로 남성과 비교하여 여성쪽이 방향음치의 사람이 많다고 흔히 일컬어진다.

수렵채집시대의 여운이 여기에 나타나고 있는 것인지도 모르지만, 의외로도 이것에 대해서 제대로 조사한 연구는 그다지 없다. 어쩐지 우리들이 그렇게 생각하고 있는 것이다.

1. 음치는 노래 못하는 사람을 지칭하는 것이 일반적이나, 일본어에서는 '○○음치'와 같은 표현을 써서 '○○'을 잘 못하는 사람을 나타내기도 한다.
2. '쪽', 한자로 方으로 쓰기도 한다. ✪
3. 한눈에 잘 들어오지 않는 부분이다. 사실은 중간에 부사 よく가 들어 있기 때문이다. 분석하면 「多い+と+よく+いわれる」로 마지막의 いわれる는 いう(말하다)의 수동이며, よく는 부사로 '잘, 흔히', と는 인용의 조사 '…라고'이다.
4. かも는 조사 か(…일지, …일까)에 조사 も(도)가 붙은 것이다. 보통 그 뒤에 知(し)れない, 知(し)らない가 와서 관용적으로 사용되는 표현이다.
5. 기본형 知(し)る(알다)의 가능동사 知(し)れる(알 수 있다)를 부정한 것이다. 가나로도 자주 쓴다. ✪
6. '너무, 지나치게'의 의미이나, 부정문에서는 '그다지 …않다'와 같이 뜻이 변한다. ✪
7. 직역하면 '무엇인지 없이'이나 하나의 부사처럼 '어쩐지'로 간주한다.
8. 私의 복수는 私達이나, 연설문이나 논문에서는 われわれ가 사용된다.

その結果, 正常な男の子は, 正常な女の子と比べて, 男子用のおもちゃと遊ぶ時間が有意に長く, 女子用のおもちゃについては, 正常な女の子のほうが正常な男の子よりも有意に長い時間遊ぶことがわかった. ところが, 本やゲーム盤については男女で差は認められなかった.

一方, 副腎過形成症の女の子の場合はどうかというと, 男子用のおもちゃを好むことが判明した. たとえば, 車で遊ぶ時間を調べてみると, 副腎過形成症の女の子は男の子と同じで, 正常の女の子と比べて有意に長い時間, 車と遊ぶことがわかった. 一方, 人形などの女子用おもちゃについては, その逆で, やはり正常な女の子との差は明らかであった.

그 결과 정상인 사내아이는 정상인 여자아이와 비교하여 남자용의 장난감과 노는 시간이 유의하게 길게, 여자용의 장난감에 대해서는 정상인 여자아이쪽이 정상인 사내아이보다도 유의하게 긴 시간 노는 것을 알았다. 그러나, 책이나 게임판에 대해서는 남녀에서 차는 인정되지 않았다.

한편, 부신과형성증의 여자아이의 경우는 어떤가 하면, 남자용의 장난감을 좋아하는 것이 판명되었다. 예를 들면, 자동차로 노는 시간을 조사하여 보면 부신과형성증의 여자아이는 사내아이와 같고, 정상의 여자아이와 비교하여 유의하게 긴 시간동안 자동차와 노는 것을 알았다. 한편, 인형 등의 여자용 장난감에 대해서는 그 반대로, 역시 정상인 여자아이와의 차는 분명하였다.

ところで，量子論は，1800年代の終わり頃にドイツの物理学者マックス・プランクに[1]よって唱えられた.プランクによれば，エネルギーは一様に広がっているのではなく，量子と呼ばれる塊の[2]かたちをとる.電磁波はエネルギーであり，[3]したがって光もエネルギーである.光は波として伝播するが，ごく[4]小さなエネルギーの塊，つまり光子としても伝わる.[5]しかしながら，光子はきわめて小さく，ニュートンが想像したものとはちがう.それは本質的には純粋の電磁エネルギーの塊で，質量がない.[6]というのは，質量[7]のある粒子はそれほど速くすすめないからである.

그런데 양자론은 1800년대 말엽에 독일의 물리학자 막스플랑크에 의해서 주창되었다. 플랑크에 의하면 에너지는 일정하게 퍼져 있는 것은 아니고, 양자라고 불리우는 덩어리 형태를 취한다. 전자파는 에너지이고 따라서 빛도 에너지이다. 빛은 파동으로서 전파하지만, 극히 작은 에너지의 덩어리, 즉 광자로서도 전해진다. 그러나, 광자는 대단히 작고 뉴튼이 상상한 것과는 다르다. 그것은 본질적으로는 순수한 전자 에너지의 덩어리이고 질량이 없다. 이러한 사실은, 질량이 있는 입자는 그만큼 빠르게 진행할 수 없기 때문이다.

1. よる는 매우 많이 쓰는 동사이다. '의하다', '따르다'로 상황에 맞추어 해석한다. ✪
2. 形으로도 쓴다. ✪
3. 동사 従(したが)う(따르다)에서 유래되었으나, 하나의 접속사로 간주하기 바란다. '따라서' ✪
4. 예외적으로 형용사 小さい와 多きい는 小さな와 大きな의 형용동사의 형태로도 사용된다. ✪
5. 그러나. ✪
6. 앞에서도 한 번 나왔지만, 이번에는 마침표 다음에 という가 오게 된 것이며, 앞의 문장 전체를 받는다고 보면 된다.
7. 수식하는 절중의 が는 の로도 쓰는 경향이다. 여기서 の는 が로 써도 된다.

自由電子レーザーへの関心が高いのは，広範囲にわたり波長を変えられると予想されるからである．単一の装置では[1]むりだが，マイクロ波からX線までの全域に[2]わたるだろう．

軍は，その出力が大きいという理由から，これに興味を示している．もともとは，電子ビームそのものが効果的な兵器になるだろうと考えられていた．しかし，たがいに反発する電子のビームを，遠方の[3]一カ所に集中させることはむずかしい．[4]そこで，この高エネルギー・ビームをレーザー・ビームに変えれば，多くの問題が解決される．たとえば，レーザー・ビームは遠方の目標に集中させやすい．

자유전자 레이저(laser)로의 관심이 높은 것은 광범위에 걸쳐서 파장을 바꿀 수 있다고 예상되기 때문이다. 단일 장치로는 무리이지만, 마이크로파로부터 X선까지의 전역에 걸칠 것이다.

군은 그 출력이 크다고 하는 이유로부터 이것에 흥미를 보이고 있다. 원래는 전자 빔(beam) 그 자체가 효과적인 병기가 될 것이라고 생각되고 있었다. 그러나 서로 반발하는 전자빔을 먼 곳의 한군데에 집중시키는 것은 어렵다. 그래서 이 고에너지빔을 레이저빔으로 바꾸면 다수의 문제가 해결된다. 예를 들면, 레이저빔은 먼 곳의 목표에 집중시키기 쉽다.

---

1. 한자로 無理로 쓰기도 한다. 간혹 한국어와 일본어의 발음이 완전히 일치하는 수가 있는데 무리가 이에 해당된다.
2. 동사의 의지형은 의지뿐 아니라 추정의 의미도 가지므로, わたろう로 쓸 수도 있다. 그러나 위와 같이 기본형에 조사 だろう을 붙여서 추정을 표현하는 것이 보다 일반적이다.
3. 1개소, 1개월 등의 '개'는 일본어로 か, カ, ヶ, 個 등으로 쓴다.
4. 여기서는 접속사로 '그래서'이나, 상황에 따라서는 '거기에서', '그곳에서'로 해석해야 한다.

このような偉大な物理理論を作り出したニュートンは，空間と時間についてどのような考えをもっていたのだろうか．彼は，宇宙には絶対空間・絶対時間というものがあると考えた．1687年に出版された物理学の金字塔『プリンキピア』には，空間について[1]つぎのように記されている．

絶対的な空間は，それ自身の性格から，外部のなにものとも関係なく，いつも同じまま静止している．相対的な空間は，この絶対空間を測ったもので，その基準は動かすことができる．[2]それでは，私たちはこれを物体に対する位置から感覚によって決める．これが人々によって不動の空間と[3]うけとられている．

이러한 위대한 물리이론을 만들어낸 뉴튼은 공간과 시간에 대해서 어떠한 생각을 갖고 있었던 것일까? 그는 우주에는 절대공간・절대시간이라는 것이 있다고 생각하였다. 1687년에 출판된 물리학의 금자탑 '프린키피아'에는 공간에 대해서 다음과 같이 기록되어 있다.

절대적인 공간은, 그 자신의 성격으로부터 외부의 무엇과도 관계없고, 언제나 그대로 정지하고 있다. 상대적인 공간은 이 절대공간을 잰 것으로 그 기준은 움직일 수 있다. 그러면, 우리들은 이것을 물체에 대한 위치로부터 감각에 의해서 결정한다. 이것이 사람들에 의해서 부동의 공간이라고 받아들여지고 있다.

Chapter 6

1. '다음', 한자 次로 쓰기도 한다. ✪
2. 그러면, 그럼. ✪
3. 기본형은 受(う)け取(と)る(받아들이다).

[1]いずれの方法で計るに[2]しろ，測定データの正確さをチェックするためには，較正を行う必要がある．較正は，赤外線吸収タイプの場合（マルチガスモニターの場合も同様）純度の高い窒素ガスを0 ppm(0ガスと呼ばれる)とし，既知の濃度のCO_2のガス(スパンガスと呼ばれる)を用いて行う．

較正を行う頻度は，測定機の種類，要求される測定精度などによって異なってくるが，理想的には，測定の前後と中間くらいに各1回程度実施されることが望ましい．一方，検知管タイプのものは，このような較正を行うことはできず，0ガスとスパンガスを用いた較正を行うにしても抜取り検査的になる上，その分だけ検知管を消費することになる．

어느 방법으로 측정하든 측정 데이터의 정확함을 체크하기 위해서는 교정을 할 필요가 있다. 교정은 적외선흡수형의 경우(multi gas monitor의 경우에도 동일) 순도가 높은 질소가스를 0 ppm(0 gas라고 불리움)로 하여, 기지의 농도의 CO_2가스(스팬가스라고 불리움)를 이용하여 수행한다.

교정을 하는 빈도는 측정기의 종류, 요구되는 측정정밀도 등에 의해서 달라지지만, 이상적으로는 측정의 전후와 중간 정도에 각 1회 정도 실시되는 것이 바람직하다. 한편, 검지관 형태는 이러한 교정을 할 수는 없으며, 0와 스팬가스를 이용한 교정을 한다고 하여도 샘플 채취 검사가 되는 이상, 그만큼 검지관을 소비하게 된다.

1. 어느 (쪽), (곳), (것) ✪
2. 명령형은 거의 사용되지 않는다고 하였는데 예외적인 것이 바로 이 용법이다. 이미 명령의 성격은 옅어지고 '…하든' 정도의 의미이다. ✪

特有の臭気をもっている化学物質は，40万にも達し，専門家になるとそのうち4000種については嗅ぎ分けられる(寺部，1960)とのことであるが，臭気の健康影響に関する疫学データなどはまだ[1]<u>みられない</u>ようである.

[2]<u>ただし</u>，臭気の測定に関連して臭気の強度に関するスケールは，表(Yaglou，1936)に示される[3]<u>通りに</u>確立されている．これと二酸化メチル(腐臭)，アセトアルデヒド(刺激臭)の関係を図62(竹内，1975)に示す．また，図63(武藤，1966)には空中に蒸発した食品の量と臭気強度の関係を，楢崎は人が吐き出すCO_2と臭気強度の関係(図64, 65)およびタバコ煙と臭気強度の関係をそれぞれ示した.

특유의 악취를 갖고 있는 화학물질은 40만에나 도달하고, 전문가가 되면 그 중 4000종에 대해서는 냄새를 맡아 분간할 수 있다(寺部 1960)고 하지만, 악취의 건강영향에 관한 역학데이터 등은 아직 <u>볼 수 없는</u> 것 같다.

<u>단지</u> 악취의 측정에 관련되어 악취의 강도에 관한 스케일은 표(Yaglou 1936)에 보이는 <u>대로</u> 확립되어 있다. 이것과 이산화메틸(썩는 냄새), 아세트알데히드(자극적인 냄새)의 관계를 그림 62(竹内 1975)에 보인다. 또한, 그림 63(武藤 1966)에는 공기 중에 증발한 식품의 양과 악취강도의 관계를, 펫브는 사람이 토해내는 CO_2와 악취강도의 관계(그림 64, 65) 및 담배연기와 악취강도의 관계를 각각 보였다.

1. 기본형은 見(み)る이며 이 동사의 수동에 부정을 취한 것이다. ✪
2. '단', '단지'이며 但し로 쓰기도 한다. ✪
3. …대로 ✪

さて，馬車にしろ，マイカーにしろ，すべて車を動かすものは広い意味のエンジンである．人類最初のエンジンは，馬や牛より以前にまず，人間自身の筋肉によるエンジンで始まった．奴隷も一種の「生体エンジン」である．それから長い間馬車や牛車の歴史が続いた後，人類は1705年にニューコメンが初めて人間や動物の筋肉以外の機械による実用的なエンジンである蒸気機関を発明した． 蒸気機関はアレキサンドリアのヘロンから始まったといえるが，ブランカの蒸気タービンや，あるいはサベリーニの蒸気押し上げポンプなどを経て， ニューコメンによって初めてどうやら立派に動き続ける実用蒸気機関が発明されたのである．この蒸気機関の発明はまた人類に大きな技術的変革を与えた産業革命への引き金となった．

그런데 마차이든 마이카이든 모두다 차를 움직이는 것은 넓은 의미의 엔진(engine)이다. 인류최초의 엔진은 말이나 소보다 이전에 먼저 인간 자신의 근육에 의한 엔진으로 시작되었다. 노예도 일종의 '생체 엔진'이다. 그 다음에 오랫동안 마차나 달구지의 역사가 계속된 후에 인류는 1705년에 뉴코멘이 처음으로 인간이나 동물의 근육 이외의 기계에 의한 실용적인 엔진인 증기기관을 발명하였다. 증기기관은 알렉산드리아(Alexandria)의 헬론으로부터 시작되었다고 할 수 있지만, 블랑카의 증기터빈과 혹은 사베리니의 증기로 밀어올리는 펌프 등을 겨쳐서, 뉴코멘에 의해 처음으로 그럭저럭 훌륭히 계속해서 움직이는 실용증기기관이 발명된 것이다. 이 증기기관의 발명은 또 인류에게 커다란 기술적인 변혁을 가져다준 산업혁명으로의 방아쇠가 되었다.

大気は[1]乾き空気と水蒸気の混合気体と考えることができ，この混合気体を湿り空気と呼んでいる．乾き空気の主要要素の容積組成は窒素78.08%，酸素20.95%，アルゴン0.93%，炭酸ガス0.03%であり，これらのほかに微量のネオン，ヘリウムなどが含まれている．

乾き空気の組成は地域，海抜によらず一定として[2]差支えないとされている．空気調和で扱う空気は湿り空気であり，空気調和に関する計算を[3]行うには，湿り空気の性質を十分に把握しておくことが[4]よさそうだ．

대기는 건공기와 수증기의 혼합 기체라고 생각할 수 있어, 이 혼합 기체를 습공기라고 부르고 있다. 건공기의 주요요소의 용적조성은 질소 78.08%, 산소 20.95%, 아르곤 0.93%, 탄산가스 0.03%이고, 이것들 외에 미량의 네온, 헬륨 등이 포함되어 있다.

건공기의 조성은 지역, 해발에 의하지 않고 일정하다고 하여도 지장이 없는 것으로 되어 있다. 공기조화에서 다루는 공기는 습공기이고, 공기조화에 관한 계산을 하기 위해서는 습공기의 성질을 충분히 파악해 두는 것이 좋을 듯하다.

1. 乾空気로 쓰는 것이 옳지 않은가라고 생각할 수도 있으나 동사 乾(かわ)く(말리다)에서 명사화된 것이므로 乾き空気로 쓰는 것이 원칙이다. 이와 같이 복합어와 같은 한자어 사이에 가나가 들어가는 경우는 흔하나, 많은 경우에 이를 신경쓰지 않아도 독해에는 지장이 없다.
2. 지장 ✪
3. 직역하면 '행함에는'이나 '하기 위해서는' 정도로 의역하였다.
4. 동사에서 취급한 조동사 そうだ(…인 듯하다, …인 것 같다)는 형용사, 형용동사에도 붙일 수 있으며, 「어간＋そうだ」의 형태로 사용된다. 예를 들면 寒い → 寒そうだ, 長い → 長そうだ, 一般的だ → 一般的そうだ와 같다. 예외적으로 위의 예문의 ない와 よい의 경우에는 이 사이에 さ가 들어간다. 즉, なさそうだ(없을 듯하다)와 よさそうだ(좋을 듯하다)와 같이 된다. ✪

窓はガラス板，サッシのほか，ひさし，ルーバー，ブラインド，カーテンなどの日照調整部材で構成されている．図6・1に示すように，窓からの熱取得に関連する気象要素は日射，大気ふく射，地物からの[1]ふく射，外気温であり，これら外界条件と室温との関係により，窓を通して室内への熱取得となったり，窓からの熱損失となったりする．熱取得，熱損失は熱流方向の違いだけで，計算原理は同じであるので，ここでは熱損失は熱取得の値が負となった場合とし，熱取得に両方の意味を含めるものとする．

창문은 유리판, 새시 외에, 차양, 루버, 블라인드, 커튼 등의 일조조정부재로 구성되어 있다. 그림 6・1에 보이는 바와 같이 창문으로부터의 열취득에 관련되는 기상요소는 일사, 대기복사, 지물로부터의 복사, 외기온도이며, 이들 외계조건과 실온과의 관계에 의해 창문을 통해서 실내로의 열취득이 되기도 하고, 창문으로부터의 열손실이 되기도 한다. 열취득, 열손실은 열류방향의 차이뿐이며, 계산원리는 같기 때문에 여기서는 열손실은 열취득의 값이 음으로 된 경우로 하여, 열취득에 양쪽의 의미를 포함시키는 것으로 한다.

1. '복사'로서 輻射(ふくしゃ)로 쓰기도 한다. 여기에서 재미있는 것이 한자어임에도 불구하고 한 글자는 가나로 또 한 글자는 한자로 쓰게 되는데, 輻자가 흔히 사용되는 한자가 아니기 때문이다. 이와 유사한 경우는 종종 있다.

近年, 人類の経済・社会活動の大規模化に伴い, それに伴う環境負荷が増大・集積し, 地球温暖化を始めとする地球環境問題が顕在化してきている.

このため, 従来から指摘されてきた「エネルギー・資源」に加え,「環境」が, 一国[1]のみならず人類全体の長期的な存続のための重大な制約要因であるとの認識が高まってきた. このような地球環境問題は, その規模, 影響, 時間的な広がり等[2]において, これまでの地域的な環境問題と性格を異にして[3]おり, 人類の英知を結集して, その解決に取り組むべきものである.

근년에 인류의 경제・사회활동의 대규모화에 따라 그에 수반되는 환경부하가 증대・집적하여, 지구온난화를 비롯한 지구환경문제가 표면화되고 있다.

이 때문에 종래부터 지적되어온 '에너지 자원'에 더하여, '환경'이 한 나라뿐만 아니라 인류 전체가 장기적인 존속을 위한 중대한 제약요인이라는 인식이 높아져 왔다. 이러한 지구환경 문제는 그 규모, 영향, 시간적인 확산 등에서 지금까지의 지역적인 환경문제와 성격을 달리하고 있어, 인류의 지혜를 결집하여 그 해결에 대응해야 한다.

---

1. '…뿐만 아니고'의 의미이나 이 표현으로는 だけではなくて와 같은 보다 직접적인 용법도 자주 쓰인다. のみならず는 하나의 조사가 된 느낌이다.
2. における와 비슷하게 '에 있어서'로 번역되나, 역시 '에서' 정도로 충분하며, 다소 강조하고 싶다면 '와 관련하여' 정도가 될 것이다.
3. 기본형은 おる이며 いる보다 약간 공손한 말이나, いる의 연용형이 い로서 이를 문장의 연결에 사용하게 되면 「してい, 人類の」와 같이 어딘지 나사가 하나 빠진 느낌이다. 따라서 이 경우에는 いる 대신에 おる를 즐겨쓰는 경향이다.

現在中判カメラと呼ばれ，プロや高級アマチュア用のカメラに用いられている120判のフィルムフォーマットは1901年に誕生[1]している．また，いわゆる35mm判のフィルムフォーマットは1925年のライカの発売と共に世にだされた．その後127，620，828，126，ラピッド，110，ディスクなど，数多くのフィルムフォーマットが輩出しているが，アマチュア用のカメラは，常に前記二つのフォーマットを中心に展開してきており，現在でもその状況は変わっていない．

このことはかなり特異な現象と考えてよいだろう．情報の記録媒体のフォーマットは，技術の進歩にしたがってより高密度で扱いやすいものに移行するのが常であり，そのような例はオーディオ分野におけるアナログレコードとコンパクトデイスク，コンピュータ用のフロッピーディスクの規格などにみることができる．その中で，およそ1世紀近くも前のフォーマットが現在でも主流となっているというのは，大変不思議な事実なのだ．

その理由としてはこれらの規格の完成度が高かったこともあるが，自動装填自動巻き上げなど，カメラ側での努力によるところも大きいだろう．しかし，現実に[2]古さからくる [3]不都合な点も数々あり，その意味で1996年に登場した新フォーマット，アドバンストフォトシステム(APS)の動向が注目される．

---

1. 이러한 형태는 진행이나 상태를 나타내나, 간혹 결과를 나타내기도 한다. 이것을 우리말로 해석할 때는 '…하고 있다'로 하면 어색하므로 그냥 '…하였다'로 하는 편이 자연스럽다.
2. 직역하면 '낡음으로부터 오는'이나, '낡은 것으로 인한'으로 의역하였다.
3. 都合는 '형편', '사정'이며, 이것의 부정인 不都合는 '형편이 좋지 못함'이나 많은 경우에 예문과 같이 의역이 요구된다. ✪

현재 중판카메라라고 불리우며, 프로나 고급 아마추어용의 카메라에 이용되고 있는 120판의 필름포맷(film format)은 1901년에 탄생하였다. 또한, 이른바 35mm판의 필름포맷은 1925년의 라이카의 발매와 함께 세상에 나왔다. 그후 127, 620, 828, 126, 래피드(rapid), 110, 디스크 등 수많은 필름포맷이 배출되고 있지만, 아마추어용의 카메라는 항상 전술한 두 가지의 포맷을 중심으로 전개되어 오고 있고, 현재에도 그 상황은 변하고 있지 않다.

이것은 상당히 특이한 현상이라고 생각하여도 좋을 것이다. 정보 기록매체의 포맷은 기술의 진보에 따라서 보다 고밀도로, 다루기 쉬운 것으로 이행되는 것이 상식이고, 그와 같은 예는 오디오 분야에서의 아날로그 레코드(analog record)와 콤팩트 디스크(compact disk), 컴퓨터용 플로피 디스크의 규격 등에서 볼 수 있다. 그 중에서 약 1세기 가까이나 전 포맷이 현재에도 주류로 되어 있다고 하는 것은 대단히 이상한 사실인 것이다

그 이유로서는 이들 규격의 완성도가 높은 것도 있지만, 자동장전·자동감아올리기 등 카메라측의 노력에 의한 바도 클 것이다. 그러나, 현실적으로 낡은 것으로 인한 부적당한 점도 여러 가지 있어, 그러한 의미에서 1996년에 등장한 신 포맷, 어드밴스트 포토 시스템(APS, Advanced Photo System)의 동향이 주목된다.

Chapter 6

EDVACによって提案されたプログラム記憶式のコンピュータの第1号の栄誉は，イギリスケンブリッジ大学のM.V.ウィルクスなどによって開発されたEDSACが得ることになった.

EDSACの貢献は，現在のプログラミング(ソフトウェア)の概念とその手法をその名著を通して，世界に普及させたことである.

(1) 現在のアセンブリー言語とそのアセンブラに相当する初期入力ルーチンの作成

(2) 浮動小数点演算に対して，インタプリタ(仮想命令列を解釈実行するプログラム)の発明

(3) プログラミングの重要な諸概念(サブルーチン，ライブラリー，ツールなど)の創造

EDSACの論理素子は真空管で，超音波水銀遅延線メモリー(512語，1語17ビット)，命令セットは考えつく最小セット，数表現は二進補数表示，入出力は紙テープ．ただし，数値計算を重視する見地から，長語(2語)を扱え，アキュミュレータは70ビット，乗算機は35ビットを持っていた.

なお，日本の初期のコンピュータの東京大学TAC，PC-1，大阪大学真空管計算機，(株)日立製作所中央研究所のHIPAC Mark Iなど，EDSACを学び製作された.

EDVAC에 의해 제안된 프로그램 기억식 컴퓨터 제1호의 영예는 영국 Cambridge대학의 M.V. 윌크스 등에 의해서 개발된 EDSAC (Electronic Delay Storage Automatic Calculator)가 획득하게 되었다.

EDSAC의 공헌은 현재의 프로그래밍(소프트웨어)의 개념과 그 수법을 그 유명한 책을 통해서 세계에 보급시킨 것이다.

(1) 현재의 어셈블리 언어와 그 어셈블러에 상당하는 초기입력 루틴의 작성

(2) 부동 소수점 연산에 대하여 인터프리터(가상명령열을 해석 · 실행하는 프로그램)의 발명

(3) 프로그래밍의 중요한 여러 개념(subroutine, library, tool 등)의 창조

EDSAC의 논리소자는 진공관으로 초음파 수은지연선 메모리(512어, 1어17bit), 명령세트는 생각나는 최소세트, 수의 표현은 이진보수표시, 입출력은 종이테이프. 단, 수치계산을 중시하는 견지로부터, 긴 단어(2어)를 취급할 수 있어 어큐뮬레이터는 70bit, 승산기는 35bit을 가지고 있었다.

또한 일본의 초기 컴퓨터인 동경대학의 TAC, PC-1, 오사카대학의 진공관계산기, (주)히타치제작소 중앙연구소의 HIPAC Mark I 등 EDSAC을 학습하여 제작되었다.

古來から「地鳴りが続いた」,「動物が騒いだ」,「火の玉現象が現れた」など地震の前触れと思われる自然現象の異常が言い伝えられている．兵庫県南部地震でもそれらを多くの人が経験し，認識を[1]新たにしたのでは[2]なかろうか．科学が発達しない時代の人たち[3]にとって,「宏観異常現象」と呼ばれる自然現象の異常な変化は明日の生活に関わることであり，それだけ関心が高く，また観察眼も鋭かったに違いない．すっかり科学技術にたよってしまった現代に，先人たちの感覚に替わる地震の前触れのセンシング技術はぜひとも欲しい．

地震の前兆現象は，地殻の力学的作用と物理化学的作用によるものに大別できる．力学的作用には，測地や地下水位，傾斜やひずみ，さらに地震の空白，微小地震，地震波形の変化などがある．一方，物理化学的作用に伴う現象として，ラドンや温泉・地下水の変化，電気抵抗や電磁波放射などがあげられる．これまで地震の予知研究では前者に比重があって，微弱地震や地殻ひずみ，地下水位観測などがもっぱら主流をなしていた．後者にあたる電磁気現象は，前述の宏観異常にも関わるのではないか，と考えられている．いまその是非をめぐって熱い議論が[4]戦わされているのが，地震に先行する電磁気現象の異常を観測して地震予知を行おうとする研究である．

1. '새롭다'로는 형용사 新(あたら)しい가 있으나, 같은 의미로 형용동사 新(あらた)だ도 있다. 新たに는 이것의 부사형이다.
2. 형용사의 추측형은 어미 い를 かろう로 바꾼다. (예 寒い → 寒かろう 추울 것이다) 그러나 형용사의 기본형에 だろう를 붙이는 방법이 보다 일반적이다. (예 寒いだろう)
3. 역시 '…에 있어서'로 번역되는 표현이나, 그냥 '…에서'로 한다.
4. 기본형은 戦(たたか)う(싸우다)이며, 이것에 「사역 + 수동」의 형태를 취한 것이다. 분석해 보면 戦う → 戦わせる(사역) → 戦わせられる(사역의 수동) → 戦わされる

예로부터 '땅울림이 계속되었다', '동물이 떠들어 대었다', '불구슬 현상이 나타났다' 등 지진의 전조라고 생각되는 이상한 자연현상이 구전되어 내려왔다. 효고현 남부지진에서도 그러한 것들을 많은 사람이 경험하고 인식을 <u>새롭게</u> 한 것은 <u>아닐까</u>? 과학이 발달하지 않은 시대의 사람들<u>에게</u> '초이상현상'이라고 불리는 자연현상의 이상한 변화는 내일의 생활에 관계되는 것이며, 그만큼 관심이 높고, 또한 관찰의 눈도 날카로웠음이 틀림없다. 완전히 과학기술에 의존해버린 현대에 선인들의 감각을 대신하는 지진 전조의 센싱기술은 정말 갖고 싶다.

지진의 전조현상은 지각의 역학적 작용과 물리화학적 작용에 의한 것으로 대별할 수 있다. 역학적 작용에는 측지나 지하수위, 경사나 비뚤어짐, 또한 지진의 공백, 미소지진, 지진파형의 변화 등이 있다. 한편, 물리화학적 작용에 수반되는 현상으로서 라돈(radon)이나 온천·지하수의 변화, 전기저항이나 전자파방사 등을 들 수 있다. 지금까지 지진의 예지연구로서는 전자에 비중이 있어, 미약지진이나 지각의 비뚤어짐, 지하수위 관측 등이 오로지 주류를 이루고 있었다. 후자에 해당하는 전자기현상은 전술의 초이상에도 관계하는 것은 아닐까라고 생각할 수 있다. 지금 그 시비와 관련하여 뜨거운 논쟁을 <u>벌이는</u> 것이 지진에 선행하는 전자기현상의 이상을 관측하여 지진예지를 하고자 하는 연구이다.

実験装置の配置を図4に示す．二つの恒温槽A，Bは実験中リレーを介して制御され，一定の温度に維持される．恒温槽Aの方は27.5℃に設定し，PCM(Phase Change Material)固相の初期温度が融点(試料として使用したオクタデカンの融点は28.1℃)に近づくようにする．恒温槽Bの方は，実験条件に合わせて所定の温度に設定しておく．恒温槽AとBは，バルブで切り替えられるようになっている．

実験装置本体(図5)は正方形の鉛直な銅製の伝熱面(94mm×94mm，厚さ10mm)によって左右に仕切られている．装置は断熱性が比較的良い透明なアクリルで[1]できており，蓄熱材の溶融過程を外部から観察できるようにした．伝熱面には深さ4mmの溝が7本加工され，ここに鏡面加工した厚さ2mmの銅製フィンを差し込み，はんだ付けしている．そのうちの上下1枚[2]ずつを除いた中央5枚のフィンには，図3のように幅0.5mmの溝を5mmの間隔で12本加工してある．これにより，蓄熱部は六つの空間に分割されることとなり，各々の空間は高さ10mm，幅40mmとなる．

接触溶融はフィンの上面で行われるため，最下段のフィンは分割しても溶融液体は下方へ移動できない．したがって，分割の効果は現れないが，その反面分割されたフィンとの比較の基準として用いることができる．

1. 지금까지 できる는 '할 수 있다', '가능하다'로만 사용하여 왔으나, '만들어지다', '형성되다'의 의미로도 종종 사용된다. ✪
2. '씩' ✪

실험장치의 배치를 그림4에 보인다. 두 개의 항온조 A, B는 실험 중 릴레이를 통하여 제어되며, 일정한 온도로 유지된다. 항온조 A쪽은 27.5℃로 설정하고, PCM(Phase Change Material) 고상의 초기온도가 융점(시료로서 사용한 옥타데칸의 융점은 28.1℃)에 접근하도록 한다. 항온조 B쪽은 실험조건에 맞추어 소정의 온도로 설정해 둔다. 항온조 A와 B는 밸브로 바뀌어지도록 되어 있다.

실험장치 본체(그림5)은 정방형의 수직인 구리제의 전열면(94mm×94mm, 두께 10mm)에 의해서 좌우로 칸막이 되어 있다. 장치는 단열성이 비교적 좋은 투명한 아크릴(acryl)로 만들어져 있고, 축열재의 용융과정을 외부에서 관찰할 수 있도록 하였다. 전열면에는 깊이 4mm의 홈이 7개 가공되고, 여기에 경면가공한 두께 2mm의 구리제 핀을 집어넣어 납땜되어 있다. 그 중의 상하 1매씩을 제외한 중앙 5매의 핀에는 그림3과 같이 폭 0.5mm의 홈이 5 mm의 간격으로 12개 가공되어 있다. 이것에 의해 축열부는 여섯 개의 공간으로 분할되며, 각각의 공간은 높이 10mm, 폭 40mm가 된다.

접촉융융은 핀의 표면에서 행해지기 때문에 최하단의 핀은 분할하더라도 융융액체는 아래쪽으로 이동할 수 없다. 따라서 분할의 효과는 나타나지 않으나, 반면에 분할된 핀과의 비교 기준으로서 이용할 수 있다.

Chapter 6

乱流は，われわれの身のまわりに広く見られる現象であるが，これを定義しようとすると難しく，[1]かえってその特徴を挙げて説明する方が容易である．乱流の大きな特徴を三つ挙げると，

1. 空間的に不規則(三次元的)，2. 時間的に不規則(非定常，非周期的)，3. 大小広範な渦の存在，言うことができる．これら三つの特徴のすべてが，乱流の数値シミュレーションを困難にしている．

上記の特徴のうち第3項は，乱流エネルギーの流れを考える[2]うえで，特に重要である． 通常流れの運動エネルギーを平均分と変動分に分けて考えると，変動分の担う運動エネルギーを「乱流エネルギー」と呼んでいる．この乱流エネルギーは，平均流からまず大きな渦に伝えられ，次に[3]次第に小さな渦へと伝えられて最終的には熱エネルギーとして散逸される．すなわち，大きな渦ではその周りにできる速度勾配は小さいので熱エネルギーへの散逸は大きくはなく，そこで乱流エネルギーは小さな渦に伝えられて，主としてそこで熱エネルギーに変換される(図1)．

他方，マクロな輸送特性はむろん大きな渦によって支配されるから，例えば「自分は乱流熱輸送を知りたいのだから，大きな渦のみを計算すれば十分である.」という人がいるとしても，それでは乱流エネルギーの「はけ口」が不十分なので，どうしても小さな渦までを計算しなくてはならなくなる． これが乱流のシミュレーションが莫大な計算量になる理由である．

---

1. '돌아와서'와 같이 동사로 사용되기도 하나, 이 경우에는 동사가 아니며 전혀 다른 뜻을 갖는 완전한 부사로서 '오히려' 등의 의미이다. ✪
2. 한자로 上으로 쓰기도 한다. ✪
3. '점차로'

난류는 우리들의 신변에 널리 볼 수 있는 현상이지만 이것을 정의하고자 하면 어렵고, 오히려 그 특징을 들어 설명하는 쪽이 용이하다. 난류의 큰 특징을 세 가지 들어보면, 1. 공간적으로 불규칙(3차원적), 2. 시간적으로 불규칙(비정상, 비주기적), 3. 대소의 광범위한 소용돌이의 존재라고 할 수 있다. 이들 세 가지 특징의 모두가 난류의 수치시뮬레이션(simulation)을 곤란하게 하고 있다.

상기의 특징중 제3항은 난류에너지의 흐름을 생각하는 데 특히 중요하다. 통상적으로 유동의 운동에너지를 평균분과 변동분으로 나누어 생각하면, 변동분이 맡는 운동에너지를 '난류 에너지'라고 부르고 있다. 이 난류에너지는 평균류로부터 우선 큰 소용돌이에 전해지고, 다음에 점차로 작은 소용돌이로 전해져 최종적으로는 열에너지로서 소산된다. 즉, 큰 소용돌이에서 그 주위에 형성되는 속도구배는 작기 때문에 열에너지로의 산일은 크지는 않으며, 그래서 난류에너지는 작은 소용돌이에 전해지고 주로 거기에서 열에너지로 변환된다(그림1).

한편, 거시적인 수송특성은, 물론 큰 소용돌이에 의해서 지배되기 때문에, 예를 들면 "자신은 난류열수송을 알고 싶으므로, 큰 소용돌이만을 계산하면 충분하다"라는 사람이 있다고 하여도, 그렇게 되면 난류에너지의 '배출구'가 불충분하기 때문에, 아무리 해도 작은 소용돌이까지 계산하지 않으면 안 되게 된다. 이것이 난류 시뮬레이션이 막대한 계산량이 되는 이유이다.

一方，金属部品の加工そのものも高速化，複合化が進められてきた．飛躍的に生産性を向上させる手段として切削加工の塑性加工化がある．いくつかの例を紹介する．従來，スイス形自動旋盤で加工していた雄ねじや段付きピンは，ヘッダ加工化で10倍以上の飛躍的な生産性向上が実現できた．図3にヘッダ加工した段付きピンを示す．次に，歯車について言えば，m=0.07以上はホブ盤加工からプレス抜きに変わってきている．これはワイヤ放電加工機(30μmワイヤ)とプロファイル研削盤の加工精度が向上し，その結果，金型精度が大幅に向上したことによるものである．また，金属粉末成形の時計への適応に関して言えば，ケース，バンド，自動巻きおもり，歯車類で一部実施している．一体成形で大幅なコストダウンが可能であり，今後期待できる加工法の一つである(図4).

工具材料，工作機械の進歩も飛躍的に生産性を向上させてきたことは[1]言うまでもない．自動旋盤の工具材料では，特に超硬マイクログレインの開発で工具寿命は飛躍的に向上し，その結果として，高速化，休日の無人稼働および[2]持台数増が実現できた．表2に[3]昭和30年代と現在の自動旋盤との対比を示す．また，エンドミルの工具材料が一部の小径加工を除いて，超硬からダイヤモンド焼結体になっており，工具寿命は30倍以上に延びて，24時間稼働で3~6箇月以上も工具を変換せずに加工できるようになった．

1. '말할 것까지도 없다' = '말할 필요도 없다'
2. 사전을 찾아보아도 없을 것이다. 한자를 풀어서 해석하도록 한다.
3. 일본의 연호이다. 昭和에는 +25, 平成에는 −12를 하면 서기가 된다.

한편 금속부품의 가공 그 자체도 고속화, 복합화가 진행되어 왔다. 비약적으로 생산성을 향상시키는 수단으로서 절삭가공의 소성가공화가 있다. 몇 개의 예를 소개한다. 종래 스위스형 자동선반으로 가공하고 있던 숫나사나 단붙이핀은 헤더가공화로 10배 이상의 비약적인 생산성향상이 실현되었다. 그림 3에 헤더가공한 단붙이핀을 보인다. 다음에 기어에 대해서 언급하면, m = 0.07 이상은 호빙가공으로부터 프레스 뽑기로 변해 와 있다. 이것은 와이어 방전가공기(30μm wire)와 프로필(profile)연삭기의 가공정도가 향상하여, 그 결과 금형정밀도가 대폭 향상한 것에 의한 것이다. 또한 금속분말성형이 시계에 적응된 것에 대해서 언급하면, 케이스, 밴드, 자동감기추, 기어류에서 일부 실시되고 있다. 일체성형으로 대폭적인 원가절감(cost down)이 가능하며, 금후 기대할 수 있는 가공법의 하나이다(그림4).

공구재료, 공작기계의 진보도 비약적으로 생산성을 향상시켜 온 것은 <u>말할 필요도</u> 없다. 자동선반의 공구재료로서는 특히 초경 마이크로 그레인(micro grain)의 개발로 공구수명은 비약적으로 향상하여, 그 결과로 고속화, 휴일의 무인가동 및 <u>가지고 있는 대수의 증가</u>가 실현되었다. 표 2에 <u>昭和</u> 30년대와 현재의 자동선반의 대비를 보인다. 또한 엔드밀(end mill)의 공구재료가 일부의 소경가공을 제외하고 초경으로부터 다이아몬드 소결체로 되고 있으며, 공구수명은 30배 이상으로 늘어나서, 24시간 가동으로 3~6개월 이상에도 공구를 변환하지 않고 가공할 수 있게 되었다.

Chapter 6

屋外消火栓とは，屋外に設けられた消火栓であり，建築物の外側ならびに1階，2階を防護するものであるが，その外観形状に二つの型式がある．

日本における市街地の屋外消火栓の型式は，欧米諸国の市街地にみられる自立したスタンド型三方口の消火栓はほとんどみられず，地下埋込み型式の消火栓が多い．この理由は，設置場所の制限，街路の歩行通行の確保，衝突による破損防止などである．もう一つの大きな違いは，消防車への直接給水が可能な専用接続口を持っていないことである．屋外消火栓からの消火活動に使用される消防ホースの口径は，世界各国65mmϕであるが，屋外消火栓から消防車に給水する接続ホースは75mmϕ以上が使用される．したがって，自立スタンド型の消火栓は一般に65A × 2.75 × 1あるいは100 × lの三方口が標準である．日本では，地下埋込み式が主流であり，消防ホースの接続は65mmϕに統一されており，75 mm以上のホース接続口を持ったものは少なく，65×75, 65×100の媒介継手の使用で消防車に接続されている．

欧米の屋外消火栓は，ホース接続口の給水能力により，消火栓頭，ホース接続口のキャップなどが色区分されている．給水量230 l/min以下は赤色，230~450 l/minはオレンジ，450 l/min以上はグリーンと色分けされているが．日本では65mmϕ統一であり，給水量は800 l/min以上で色区分は規定されていない．

옥외소화전이란 옥외에 설치된 소화전으로, 건축물의 외측 및 1층, 2층을 방호하는 것이나, 그 외관 형상에 두 가지의 형식이 있다.

일본에서 시가지의 옥외소화전의 형식은 구미제국의 시가지에서 볼 수 있는 자립 스탠드형 3방향구의 소화전은 거의 볼 수 없으며, 지하매립형식의 소화전이 많다. 이 이유는 설치장소의 제한, 도로의 보행통행의 확보, 충돌에 의한 파손방지 등이다. 또 하나의 큰 차이는 소방차에 직접급수가 가능한 전용 접속구를 가지고 있지 않다는 것이다. 옥외소화전으로부터 소화활동에 사용되는 소방 호스의 구경은 세계각국이 65 mmϕ이지만, 옥외소화전으로부터 소방차에 급수하는 접속 호스는 75 mmϕ 이상이 사용된다. 따라서 자립 스탠드형의 소화전은 일반적으로 65A × 2.75 × 1 혹은 100 × l의 3방향구가 표준이다. 일본에서는 지하매립식이 주류이고, 소방 호스의 접속은 65mmϕ로 통일되어 있으며, 75mm 이상의 호스 접속구를 가진 것은 적고, 65 × 75, 65 × 100의 매개이음새의 사용으로 소방차에 접속되어 있다.

구미의 옥외소화전은 호스 접속구의 급수능력에 의해 소화전머리, 호스 접속구의 뚜껑 등이 색으로 구분되어 있다. 급수량 230 l/min 이하는 적색, 230~450 l/min은 오렌지, 450 l/min 이상은 녹색으로 색이 구분되어 있으나, 일본에서는 65 mmϕ 통일이고, 급수량은 800 l/min 이상으로 색 구분은 규정되어 있지 않다.

Chapter 6

第二次大戦終了直後の1950年に，日本の鉄道は人・キロベースで旅客輸送の90%，トンキロベースで貨物輸送の52%を担っていた．その後，1960年代に貨物輸送はまず船舶に，次いで自動車にシェアーを奪われた．1970年代に入ると今度は旅客輸送が自動車に，さらに遠距離は航空にシェアーを奪われてきた．現在1994年の鉄道のシェアーは国内貨物輸送で4.5%，旅客輸送で29%となっている．

欧米では自動車交通の発展に伴って鉄道がシェアーを失ったのは半世紀以上も昔のことであった．鉄道の導入が欧米に比べて約半世紀遅れた日本では，鉄道のシェアー喪失も約半世紀遅れて起こった．

日本のモータリゼーションはマイカー元年と呼ばれた1966年に始まった．その後，自動車は急速に普及して，鉄道の輸送シェアーを奪っていった．その直前の1964年に東海道新幹線が開業した．もし，新幹線が[1]なかったならば，日本の鉄道は都市鉄道を除いて壊滅していたであろう．そればかりか，日本の交通体系が無惨な状態となっていたことは疑いない．新幹線を開発し成功させた当時の国鉄（日本国有鉄道）関係者の功績は大きい．

以下に鉄道を，① 地方ローカル鉄道，② 都市間鉄道，③ 都市鉄道，④ 新幹線に分けて，将來を検討してみたい．

1. なかったら，なかったなら로 쓸 수도 있다.

제2차대전 종료직후의 1950년에 일본의 철도는 사람 · 킬로미터 기준으로 여객 수송의 90%, 톤 · 킬로미터 기준으로 화물수송의 52%를 담당하고 있었다. 그 후 1960년대에 화물수송은 우선 선박에, 이어서 자동차에 몫을 빼앗겼다. 1970년대에 들어가면 이번에는 여객의 수송이 자동차에, 더욱이 원거리는 항공에 몫을 빼앗겨 왔다. 현재 1994년의 철도의 몫은 국내화물 수송으로 4.5%, 여객 수송으로 29%로 되어 있다. 구미에서는 자동차 교통의 발전에 따라 철도가 몫을 잃은 것은 반세기 이상이나 옛날의 일이었다. 철도의 도입이 구미에 비교하여 약 반세기 늦은 일본에서는 철도 몫의 상실도 약 반세기 지연되어 일어났다.

일본의 motorization은 마이카 원년이라고 불리우는 1966년에 시작되었다. 그 후 자동차는 급속히 보급되어 철도의 수송 몫을 빼앗아 갔다. 그 직전의 1964년에 동해도 신간선이 개업하였다. 만약 신간선이 없었다면 일본의 철도는 도시철도를 제외하고 괴멸하고 있었을 것이다. 그뿐만일까, 일본의 교통체계가 무참한 상태로 되어 있는 것은 의심할 여지가 없다. 신간선을 개발하여 성공시킨 당시의 국철(일본국유철도) 관계자의 공적은 크다.

이하에 철도를, ① 지방로컬 철도, ② 도시간 철도, ③ 도시철도, ④ 신간선으로 나누어 장래를 검토하여 보고 싶다.

フロンによるオゾン層破壊の危険性が指摘されて以來，「成層圏オゾン層の保護」の観点から世界的規模で検討が[1]なされてきた．

オゾン層を破壊する物質に関するモントリオール議定書(1993年)の結果，1994年1月1日以降の特定ハロンの生産中止が決定された．消防法に規定されたハロゲン化物消火剤ハロン1301，ハロン1211，ハロン2402は，この特定ハロンに含まれている．

日本国内では，この決議に従い，ハロゲン化物消火剤の生産は中止され，その対策として既存ハロンの再利用や有効活用のための「ハロンバンク」が設置され活動中である．現在ハロゲン化物消火剤の代替消火剤として，5種類が市販されているが，ハロン1301に代わる単一の消火剤はでていない．

消防法のハロゲン化物消火剤は生産されていないので，消火設備として説明することはあまり[2]お役にたたないとも考えたが，既存のハロン消火設備もあり，ハロンバンクの活動により特定用途も考えられるので取り上げることとした．現在，ハロン代替消火剤が進行中であることから，本編後段に「ハロン代替消火剤の概要」について述べることとした．

---

1. 기본형은 なす로 '하다, 행하다, 이룩하다, 만들다' 등의 의미를 갖는다. ✪
2. お役(やく)に立(た)たない는 '도움이 되다'이며, 이것의 부정을 취한 것이다. 참고로 お가 앞에 붙은 것은 존경, 공손, 친밀의 뜻을 나타낸다. 이와 유사한 것으로 ご와 御가 있는데, 이것들은 주로 한자어에 붙는 경향이다. 특히 회화체 및 공손한 표현에서 중요한 의미를 갖는다.

프레온에 의한 오존층 파괴의 위험성이 지적된 이래 '성층권 오존층 보호'의 관점으로부터 세계적인 규모로 검토가 이루어져 왔다.

오존층을 파괴하는 물질에 관한 몬트리올 의정서(1993년)의 결과 1994년 1월 1일 이후의 특정 할론의 생산 중지가 결정되었다. 소방법에 규정된 할로겐(Halogen)화물 소화제 할론 1301, 할론 1211, 할론 2402는 이 특정 할론에 포함되어 있다. 일본 국내에서는 이 결의에 따라서 할로겐화물 소화제의 생산은 중지되고, 그 대책으로서 기존 할론의 재이용이나 유효활용을 위한 '할론은행'이 설치되어 활동 중이다. 현재 할로겐화물 소화제의 대체 소화제로서, 5종류가 시판되고 있지만, 할론 1301에 대신하는 단일의 소화제는 나와 있지 않다.

소방법의 할로겐화물 소화제는 생산되고 있지 않기 때문에, 소화설비로서 설명하는 것은 그다지 도움이 되지 않는다고도 생각하였지만, 기존의 할론소화설비도 있고, 할론은행의 활동에 의해 특정용도도 생각할 수 있으므로 취급하는 것으로 하였다. 현재 할론대체소화제가 진행중인 것으로부터, 이 편의 후단에 할론대체소화제의 개요에 대해서 진술하는 것으로 하였다.

Chapter 6

吸着ヒートポンプの吸着器は基本的に吸着材固体充填型となる．上述したように，このような吸着器内では吸着質蒸気の器内移動と吸着及び脱着，[1]ならびにこれに伴う熱発生，熱吸収が起こる．一般にこのような熱移動を伴う固・気系反応の反応速度は発生[2]もしくは吸収する熱の除熱速度及び給熱速度が全体の速度を支配する．このことは吸着ヒートポンプの総括の吸着速度においても固体充填層に共通する熱移動問題として存在し，この解決のために，吸着材のモジュール化充填が最近検討されている．

その代表例に挙げられる伝熱管一体構造型熱交換吸着材モジュールの熱・物質移動は以下のように取り扱われる．すなわち，Fig.6に模式図的に示すシリカゲルモジュール(STモジュール)においてはモジュール充填吸着器内均圧条件の下で，熱交換流体は非圧縮性で，流れは栓流，かつ温度上昇による膨張は無視できる，吸着材層は球状吸着材の集合体である，モジュール外表面からの熱損失は無視できる，熱物性値は一定である，などの仮定が成り立てば，吸着ヒートポンプ操作における熱・物質移動方程式は先述のEqs.(1)，(2)に加えてつぎの式で記述される．

1. 접속사로 '및'에 해당하며 及(および)와 거의 같은 의미이다. 여기에서는 문장 중 および와 중복되므로 '더불어서'로 번역하였다.
2. '혹은'이나 이보다는 或(あるい)は, 又(また)は를 보다 많이 쓴다.

흡착식 히트펌프(heat pump)의 흡착기는 기본적으로 흡착재 고체충전형으로 된다. 상술하였듯이 이러한 흡착기 내에서는 흡착질 증기의 기내이동과 흡착 및 탈착, 더불어서 이에 수반되는 열발생, 열흡수가 일어난다. 일반적으로 이러한 열이동을 동반하는 고・기계 반응의 반응속도는 발생 또는 흡수하는 열의 제열속도 및 급열속도가 전체의 속도를 지배한다. 이것은 흡착식 히트펌프의 총괄 흡착속도에서도 고체충전층에 공통하는 열이동문제로서 존재하고, 이의 해결를 위해 흡착재의 모듈화 충전이 최근 검토되어 있다.

그 대표 예로 들 수 있는 전열관일체 구조형 열교환흡착재 모듈의 열・물질이동은 아래와 같이 취급된다. 즉, Fig.6에 모식도적으로 나타내는 실리카겔 모듈(ST module)에서는 모듈 충전흡착기 내의 균압조건하에서, 열교환유체는 비압축성이며 유동은 전류이면서 한편 온도상승에 의한 팽창은 무시할 수 있다. 흡착재층은 구상흡착재의 집합체이며, 모듈 외표면에서의 열손실은 무시할 수 있고, 열물성치는 일정 등의 가정이 성립하면, 흡착식 히트펌프의 조작에서 열・물질 이동방정식은 전술한 Eqs.(1), (2)에 추가하여 다음의 식으로 기술된다.

1958年に人工心臓に関する世界最初の科学論文がアメリカへ留学していた日本人によって発表された．塩化ビニル製の人工心臓を犬の体内に移植して，1.5時間生存させた，というものであった．このテーマについてのグラント(研究費)の申請がなされ，アメリカ連邦保険局はそれを承認した．当時，人工心臓が完成することと，人類を月に送り込むのとどちらが先か，ということがアメリカで議論されていた，と聞いている．

アポロ11号によって人類が月に到着したのは1969年であった．しかし一方，月旅行に遅れること20年近くを経てもいまだに永久形完全埋め込み心臓は完成していない．当時は，生体や生命現象に対する科学技術が未発達だったこともあるが，月旅行との間にこれほどの開きが生じるとは思っても見なかったことであろう．この例に限らず，既存の工学知識や技術ではカバー[1]<u>しきれない</u>分野，領域がいまだたくさん存在していることを,この特集 「人間にかかわる技術」 を通じて感じ取ってもらえれば幸いである．

最後に，ご執筆を快諾いただいた方々，また企画小委員会のメンバーとしてご協力いただいた方々に厚く御礼を申し上げる．

1. 복합동사를 만드는 보조동사로서 切(き)る가 있다. 원래의 의미는 '베다, 자르다, 끊다' 등이나, 보조동사로서 사용되면 '…해내다', '(완전히)…하다'이다(예, 読み切る는 읽어내다, 다 읽다). 예제에서는 가능형을 취하고 다시 부정을 한 것이다. 즉, しきる(해내다) → しきれる(해낼 수 있다) → しきれない(해낼 수 없다).

1958년에 인공심장에 관한 세계 최초의 과학논문이 미국에 유학하고 있던 일본인에 의해서 발표되었다. 염화비닐제의 인공심장을 개의 체내에 이식하고, 1.5시간 생존시켰다는 것이었다. 이 테마에 대한 연구비의 신청이 이루어져 미국연방보험국은 그것을 승인하였다. 당시 인공심장이 완성되는 것과 인류를 달에 보내는 것과 어느 쪽이 먼저일까라는 것이 미국에서 논의되고 있었다고 들었다.

아폴로11호에 의해서 인류가 달에 도착한 것은 1969년이었다. 그러나 한편 달여행에 늦어져 20년 가까이를 지나서도 아직까지도 영구형 완전매립형 심장은 완성되지 않고 있다. 당시는 생체나 생명현상에 대한 과학기술이 미발달인 것도 있지만, 달여행과의 사이에 이 정도의 틈새가 생긴다고는 생각해 보지도 않은 일일 것이다. 이 예에 한하지 않고, 기존의 공학지식이나 기술로서는 커버해낼 수 없는 분야와 영역이 아직 많이 존재하고 있는 것을 이 특집 '인간에 관계되는 기술'을 통하여 느껴준다면 다행이다.

마지막으로 집필을 쾌히 승락해 주신 분들, 그리고 기획소위원회의 위원으로서 협력을 주신 분들에게 깊이 감사를 드린다.

Chapter 6

プロセス制御では，安全性と安定操業を特に重視するため，設備の特性や制御量が十分に解析されている．一方，建築設備の制御は，制御量の設定値が外気条件に近いため，外気や内部負荷の変化が外亂として大きく作用する．また，プロセス制御と比べると，機器の容量が刻々と変化するため，その特性変化に常時適合する制御システムを構築したり，制御定数を設定することが難しい．

多くの制御対象は，一次遅れとむだ時間(L)が重なった特性で近似できる．配管やダクトを流動する流体の輸送遅れがむだ時間を生ずる主な原因であるものの，むだ時間が支配的な制御対象は，操作量を少しずつ変更するしかなく，制御は難しい．一方，時定数(T)は一次遅れの制御対象にステップ状の入力を与えたとき，応答が全変化分の63.2%に到達するまでの時間である．

ピストンフローを仮定して，部屋に供給する風量を部屋容積で除した値を換気回数というが，一次遅れの制御対象では，換気回数の逆数が時定数に相当する．時定数が短い制御対象も制御が困難で，操作量の出力周期を時定数より十分に短くするしかない．つまり，L/T値は制御の困難さを示す重要な評価指標である．L/T値が1より大きい制御対象のステップ応答は，設定値に落ち着くまでの整定時間が非常に長く，安定しない．

공정제어에서는 안전성과 안정조업을 특히 중시하기 때문에 설비의 특성이나 제어량이 충분히 해석되고 있다. 한편 건축설비의 제어는 제어량의 설정치가 외기조건에 가깝기 때문에 외기나 내부부하의 변화가 외란으로서 크게 작용한다. 또한 공정제어와 비교하면, 기기의 용량이 시시각각 변화하기 때문에 그 특성변화에 항상 적합한 제어시스템을 구축하거나 제어정수를 설정하기가 어렵다.

다수의 제어대상은 일차지연과 낭비시간(L)이 겹친 특성으로 근사할 수 있다. 배관이나 덕트를 유동하는 유체의 수송지연이 낭비시간을 발생시키는 주된 원인이지만, 낭비시간이 지배적인 제어대상은 조작량을 조금씩 변경할 수밖에 없고, 제어는 어렵다. 한편, 시정수(T)는 일차지연의 제어대상에 스텝상의 입력을 주었을 때 응답이 전체 변화분의 63.2%에 도달하기까지의 시간이다.

피스톤유동(piston flow)을 가정하여, 방에 공급하는 풍량을 방의 용적으로 나는 값을 환기횟수라고 하나, 일차지연의 제어대상으로서는 환기횟수의 역수가 시정수에 상당한다. 시정수가 짧은 제어대상도 제어가 곤란하며, 조작량의 출력주기를 시정수보다 충분히 짧게 할 수밖에 없다. 요컨대, L/T치는 제어의 곤란함을 나타내는 중요한 평가지표이다. L/T치가 1보다 큰 제어대상의 스텝응답은 설정치로 안정될 때까지의 안정시간이 대단히 길고 안정되지 않는다.

Appendix 많이 사용되는 일상회화

다음은 필자의 경험을 통하여 일상생활에서 특히 많이 사용되는 표현을 정리한 것이다. 기억한 가나를 복습하는 의미로 사용하면 좋을 것이며, 최소한의 일어회화를 희망하는 독자들에게도 약간의 도움이 될 것이다.

일본어	한국어
おはよう ございます	안녕하십니까 (아침 인사)
こんにちは	안녕하십니까 (낮 인사)
こんばんは	안녕하십니까 (저녁 인사)
さようなら	안녕히 가십시오 (계십시오)
おやすみなさい	안녕히 주무십시요
はじめまして	처음 뵙겠습니다
どうぞ よろしく	잘 부탁합니다 (직역하면 '부디 잘' 정도의 의미가 될 것이다)
よろしく おねがいします	잘 부탁합니다
こちらこそ	저(이쪽이)야말로

すみません	'미안합니다', '죄송합니다'의 가벼운 의미이나, 무엇인가를 물어 볼 때 등에도 습관적으로 사용되는 매우 요긴한 표현이다.
どう いたしまして	천만에요
ごめんください	'미안합니다'의 의미보다는 남의 집 등에 방문하였을 때 '실례합니다'의 부르는 의미로 사용됨
ごめんなさい	미안합니다
しつれいします	실례합니다
しょうかい いたします	소개하겠습니다(します 대신에 いたします을 사용하면 보다 공손한 겸양의 의미가 된다)
どうぞ こちらへ	자 이쪽으로(どうぞ는 영어의 please 정도의 의미이며, 뒤의 단어를 생략하고 적당한 상황에 따라 단독으로도 매우 많이 사용된다)
ちょっと よろしいですか	잠깐 괜찮겠습니까(남을 부를 때나 중간에 끼어들 때 사용되며, 회화에서 ちょっと의 사용빈도는 매우 높다)
すごいですね	굉장하군요(회화에서 많이 사용되는 ね는 '…군요' 정도의 어감이다)
すばらしいです	훌륭합니다
トイレは どこですか	화장실은 어디입니까
こうばんは どこですか	파출소는 어디입니까
びょういんは どちらですか	병원은 어느쪽입니까
ひさしぶりです	오랜만입니다
ごぶさたして おります	오랜만입니다(적조했습니다)
さいきん いかがですか	요즈음 어떻습니까

いそがしいです	바쁩니다
いらっしゃいませ	어서 오십시오
おなか すいた	배 고프다(직역하면 배가 비었다)
ごちゅうもん どうぞ	주문하십시오
おみず ください	물 주세요
これは いくらですか	이거 얼마입니까
あれを ちょうだい	저것 주세요(ください 대신에 ちょうだい을 사용하면 의미는 같으나 정중함은 좀 떨어진다)
もっと やすく できません	좀더 싸게 안될까요
まけて ください	싸게 해주세요
スキーが すきです	스키를 좋아합니다
すいえいが きらいです	수영을 싫어합니다
きょうは さむかったです	오늘은 추웠습니다(きょうは さむいでした라고 표현하고 싶겠지만 그렇게 하는 것은 틀린 표현이다)
りょうりが じょうずですね	요리가 능숙하군요
にほんごが まだ へたです	일본어가 아직도 서투릅니다
べんきょうが すきじゃありません	공부를 좋아하지 않습니다(여기에서 じゃ는 では의 준말로서 회화에서 빈번하게 사용되는 표현이다)
たべちゃ だめですよ	먹어서는 안되요(たべては だめだ가 정식이나 ては는 회화에서 줄여서 ちゃ로 표현하는 경우가 많다)
それじゃ かえります	그럼 돌아가겠습니다(それじゃ에서도 じゃ는 では의 준말이며, それ조차도 생략하여 じゃ로도 많이 사용한다)

Appendix

そんなことは しらん	그런 것은 모른다(여기에서 しらん은 しらない의 준말로서 흔히 ない는 ん으로 생략되나 물론 점잖은 표현은 아니다)
いま やらなきゃ ならない	지금 해야 한다(회화체에서는 する 대신에 やる를 쓰기도 한다. 여기에서 きゃ는 ければ의 준말이다)
けど, ついたばかりなのに	그래도 막 도착했는데(けど는 けれども의 준말이며 그밖에도 회화체에서는 けれど, けども로 표현하기도 한다)
おかねが ほしいんですが	돈이 필요한데요(ほしいんです는 ほしいのです의 の가 ん로 바뀐 것으로 회화에서 흔한 현상이다. 마지막의 が는 말을 잇지 않은 것이다)
ぼくは いま いきたいんだ	나는 지금 가고 싶다(공손한 표현은 わたしは いま いきたいのです로서 ぼく는 원래 남성만 사용할 수 있는 보통의 표현이다)
これを たべちゃう	이것을 먹어버린다(구어체에서는 たべてしまう의 てしまう가 줄어서 ちゃう로 바뀐다)
いちおう たべとく	일단 먹어 둔다(たべておく의 ておく가 줄어서 とく가 된다)

Index

찾아보기

이공계 일본어 마스터

2009년 4월 1일 초판인쇄
2009년 4월 7일 초판발행

- 저 자 홍 희 기
- 발 행 인 이 성 범
- 발 행 처 문 운 당

주 소 서울특별시 종로구 명륜동 1가 45-3
출판등록 1962년 7월 4일 제 1-139
전화번호 영업 (02)762-6010, 6981/743-3504~5
편집 (02)762-4461/ 팩스 (02)745-0265
홈페이지 http://www.munundang.co.kr
E-mail munun2@chollian.net

ISBN 978-89-7393-484-3 93500

정가 18,000원